子ども家庭支援の勘ドコロ

事例の理解と対応に役立つ
6つの視点

川畑 隆

明石書店

はじめに

私は児童相談所に28年間勤めました。心理判定員（現在の児童心理司）として20年、判定指導係長（心理判定員の筆頭）で5年、そして相談判定課長（児童福祉司と呼ばれるソーシャルワーカーと心理判定員、受付相談員、虐待対応協力員などのいる課のマネジメント役）で3年、働きました。51歳で早期退職し、大学の心理学科の教員としてその後の計16年間をすごしました。その16年の間も、児童福祉や教育現場のみなさんと地域にある事例のことを一緒に考えてきました。そしてフリーランスとなったいまもそれを続けていて、現在は、児童相談所、家庭児童相談室、要保護児童対策地域協議会、児童養護施設、児童心理治療施設、就学前の子どもの通園施設、学校などに、継続的に事例検討会や職員研修の形でかかわっています。

その私が、各機関の方々と一緒に検討していること、いま考えていること、ぜひ伝えたいと思っていることなどを、子ども家庭支援（子ども福祉臨床）の現場への支援のつもりで書きたいと思います。

かかわっていると言っても、それらの機関の業務に直接に携わっているわけではありませんから、知らないことやわかっていないことがたくさんあると思います。昔働いていたと言っても、法律も含めていろんなことが変わってきています。ですから、みなさんが首をひねるようなことも書くかもしれませんが、書きたいことを書きたいと思います。すべてを支援だと受け取っていただければ幸いです。

子ども家庭支援の勘ドコロ《目次》

第2章　発達相談場面での保護者への対応
～その子の一番の専門家は保護者～

第3章　子ども虐待による死亡事例から考える
～収束的に拡散的に～

第1章　子ども家庭への支援業務

～福祉臨床現場ならではの視点と協働～

この章では、２０２３年2月26日に長野県公認心理師・臨床心理士協会福祉領域研修会で、筆者が行ったオンライン講義『心理臨床と福祉 ―― 児童福祉領域の視点から』の内容をもとに、子ども福祉臨床現場でのアセスメントの重要性、トリートメントや専門性について考えたい点などについてまとめました。

(1) 事例のアセスメントが一番

子ども家庭に向けては、子どもの過去や現在と未来、保護者や家族関係の実際などを広く視野に入れて支援することが重要ですから、その業務を行う方は子どもや家族をみる視点を多様にもつ必要があります。子ども家庭に対する支援業務を行う現場には複数の職場や職種がありますが、どの立場であっても、目の前の事例を支援するにはその事例についての「理解」（アセスメント・見立て）が欠かせません。それは、家を建てるのに基本となる「設計図」が必要なのと同じようにです。

A. ジェノグラムを描いて考える

主訴（症状、問題行動、問題状況）が何であっても、子どもに障害があろうとなかろうと、診断名が何であっても、家族に問題があるようにみえてもみえなくても、支援の場では事例をひとまとまりとしてみて仮説し（ジェノグラム／家系図を描いて考えます）、取り組みへの芽を探ります。そして、それらの作業をチームで行います。

「主訴」は事例の中の困っていることや解決したいことを要約したものですから、具体的な支援につなげるためには要約されていない全容を知ろうとすることが必要です。子どもの問題行動が主訴の場合、子どもに障害があれば短絡的にそこに原因を求めたり、家庭環境に問題がありそうであればすぐにそこと結びつけたりしがちです。しかし、障害があってもなくても、どんな診断名がついていても、子どもは1人ひとり異なりますし、家族も問題のある家族とない家族に二分されたりはしません。

ですから、まずはえられている情報をジェノグラムに書き入れ、家族のこれまでの経過去や現在の状況について想像力をめぐらし、家族員間の交流の具体像を描きます。その中で今後知りたい情報も浮かび上がるでしょう。また、そういった作業を複数で行うことができれば視点が豊富になります。

B．視野を広げる

症状や問題行動を出している人と、ケアが必要な人が異なる場合もあります。また、症状や問題行動の改善だけでなく、子どもが健全に育つための環境が整っているかどうかについての点検もしなければなりません。したがって、家族に関する情報を集め、その家族の全体についてみていく必要があります。そうすることで支援の的を協議するための材料が与えられ、協議によって次のかかわりが示唆されます。そして、それがかかわる側に落ち着きを与えます。

たとえば、世の中では不登校状態の子どもに対する一般的なかかわりが示唆されていますが、子どもは１人ひとり異なりますから、見立てやかかわりは個別に考えられるべきでしょう。極端な例ですが、自殺するかもしれない保護者を見張るために登校していなかった中学生を私は知っています。その子に「登校刺激をせずに見守る」ことをして、それはいったい何をしていることになるのでしょうか。

また、繰り返しますが、とくに子ども福祉を使命としている部署では、相談の主訴がなくなればそれでよいわけではなく、その子の福祉の実情にまで目を配るのが通常でしょう。そして、たとえば子どもが現在10歳だとすると、これから80年ほど生きていかなければなりません。そのためにいまからつけていってほしい力は何なのかも視野に入れる必要がある場合もあります。ですから、調べるべきことは主訴周辺のことだけではありません。

これらのことを考えると、支援の「的」は自明ではないわけで、探し出さなくてはなりません。子ども自身のことを調べるだけでなく、ジェノグラムを見ながら、そこに登場する人たちの間でどのような環境が作られているのかを考えます。そして、今後のよりよい支援に結びつけるために、現在まで支援者がその人たちとどのような関係を繰り広げてきた可能性があって、今後どのようなことに留意すればよいのかも含めて検討するのです。

◇5歳のランちゃんの事例

この事例は実際例をもとに創作したものですが、高石浩一・大島剛・川畑隆『心理学実習 応用編1．知能・発達検査実習 ―― 新版K式を中心に』(培風館　2011年)においても記述しています(46～53頁)。

・母親から聞き取った主訴

「保育園の先生から、ランは他の子にすぐ手が出る、この前も玩具を投げつけて他の子にケガをさせたと言われたんです」

・現況について

「ランの小さい頃のことはあまりはっきりとは覚えていません。保育園の先生から言われるまで、ランの乱暴なところはあまり気になりませんでした。むしろ家ではおとなしく、私の言うことはよく聞く子です。弟と喧嘩をすることもありますが、私が厳しく叱っているので近頃はマシになってきています。保育園の先生によると、相手に言葉で伝えることが下手で、自分の思いどおりにならないとつい手が出てしまうらしいんです。最近、乱暴が目立って他の子たちから嫌がられるようになってきていて、また、先生からきつく叱られると固まってしまうんだそうです」

・家族について

「家族は、私とラン、2歳下の弟、私のほうの祖母（母の母）の4人です。ランの父親とは2年前に離婚しましたが、いまもいろいろと相談にのってもらい、交流はあります。祖父（母の父）は私が4歳のときに病気で亡くなり、祖母1人で働いて家計を支えてきました。私の妹は病気で身体が弱く、私が祖母にかわって面倒をみました。妹は成績がよく、反対に私は勉強が嫌いで高校には行きませんでした。そして、家のことに縛られるのが嫌で家出した私は、ランの父親となる男性と知り合い、妊娠したので結婚しました。彼は仕事が長続きせず、私がアルバイトで生活を支えていましたが、彼は生活にも育児にも協力的ではなく、私が疲れてしまい離婚となりました」

備考：ランちゃんは自閉症スペクトラムの特徴も指摘されています。また母が育った家族の家計は祖母1人の労働でまかなわれていました。

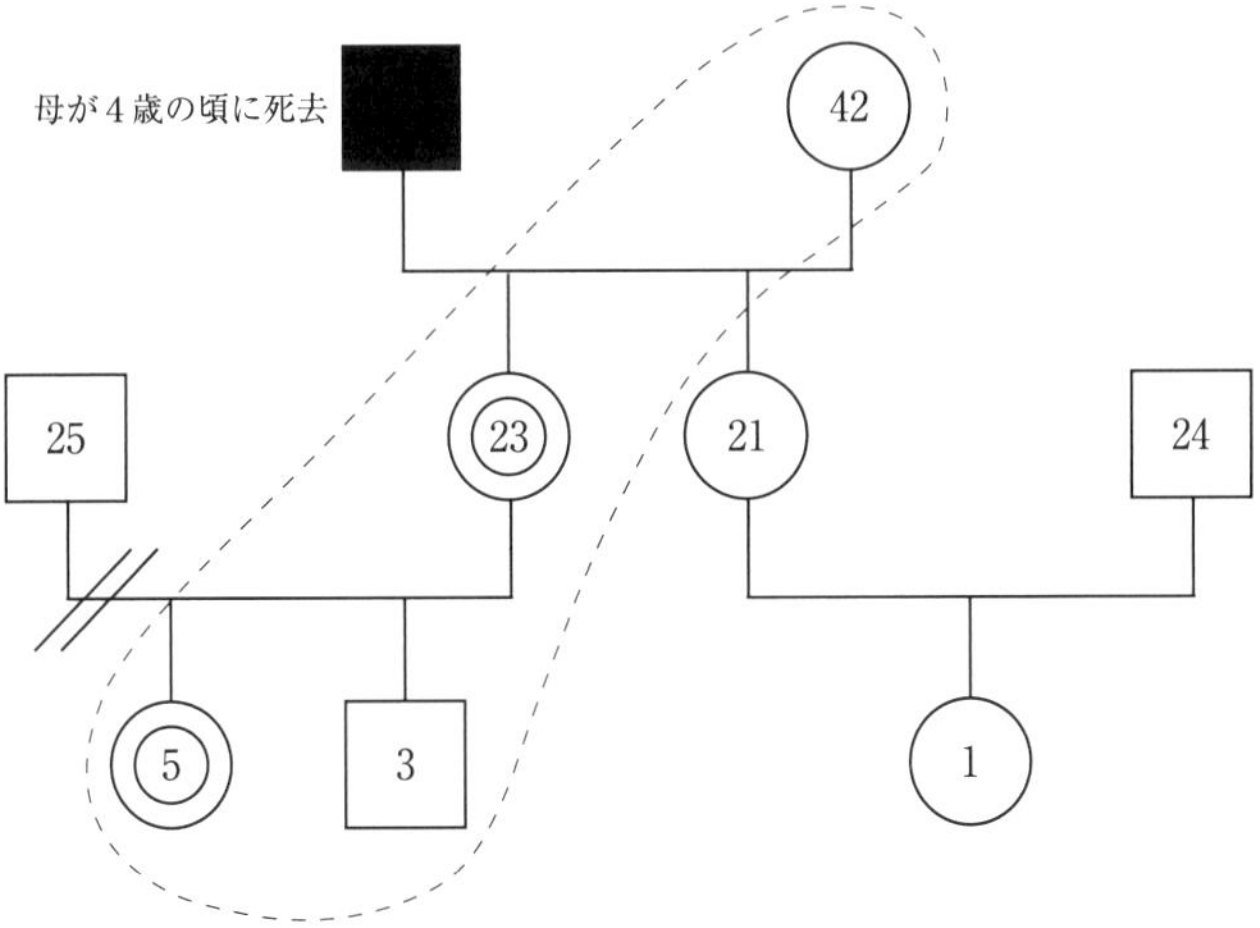

C. 仮説を立てる

支援のためにアセスメント仮説を立てます。つまり、「どうかかわるか」を考えるために、家庭やその他の環境が「どうなっているか」「何が起きているか」、その可能性を目一杯に想像します。

以下に、ランちゃんの事例への私の仮説を述べます。あえておことわりをしておきますが、仮説とは「作り話」のことですから信じないでください。ただ、仮説を立てた際の「目のつけどころ（視点）」については、他の事例を検討するときにも役立つかもしれません。もちろん「目のつけどころ・つけ方」は、ランちゃんの事例においても他にいろいろあると思います。

◇ランちゃんの事例への視点と仮説例

・主訴や現況にあるランちゃんの状況、指摘されている自閉症スペクトラムの特徴などから考えられることは何でしょうか。

▽保育所ではランちゃんの行動はコントロールされにくいところがあるようですが、母の前では抑制しているようにうかがえます。保育所できつく叱られると固まってしまうとすると、家できつく叱られている場面が再現されているのかもしれません。叱られている言葉の内容はよくわからなくても、ランちゃんはきつく叱られているという形に従順な態度をとるようになっている可能性があります。

・42歳の祖母、23歳の母、5歳と3歳の子どもの4人家族で起きやすいのはどんなことでしょうか。

▽祖母はランちゃんの「母親」であってもおかしくない年齢です。だとすると、家には子どもたちの母親が2人いるかのようです。祖母にランちゃんの子育ては母に任せるという配慮が一応はあったとしても、やはりランちゃんのしつけはしっかりしてあげたいと思っているのではないでしょうか。たとえば「ご飯はちゃんと座って食べて」とランちゃんに向けて言います。でもそれは、母には「母親でしょ。ご飯はちゃんと座って食べさせてよ」というメッセージとなって届きます。祖母の指摘がそうかなと思えると、あるいはそうかなと思えなくても、母はランちゃんに座って食べるように指示します。祖母からの指摘が繰り返されると、母からの指示もしだいに厳しくなり、祖母からの指摘の前に指示することも増えるでしょう。そして、祖母がしつけたいことはランちゃんのご飯時の行動だけではないでしょうし、祖母が言わなくても、祖母が気に入らないかもしれないと母が先取りして指摘するランちゃんの行動もあるでしょうから、母がランちゃんを叱る場面は多く厳しくなる可能性があります。

▽一般的にも、いま述べたような事態が想像されるわけですが、母たち娘を1人で育て上げた祖母のパワーや、中卒後の不安定な生活と出産、離婚をへて実家に戻った母のことを考え合わせると、ランちゃんを間においた母と祖母の関係性には注目しておく必要があるでしょう。

・母が育った家族（原家族）で起きていたことはどんなことで、母は何を体験し、それがその後の展開にどんな影響を与えたでしょうか。

▽母は子ども時代、妹の面倒をみるなど親的な子どもを演じざるをえなかったようです。祖母はそんな母への負担を気遣ってはいたでしょうが、成績のことになると妹と比較される母は、不満と自己評価の低さを大きく抱えることになったのではないでしょうか。そしてそれが、中学卒業後の進路も確定しないほどの不安定な生活につながった可能性があります。子どもなのに親的なふるまいをせざるをえなかった母が、「したいことをする」という子どものふるまいに走ったと言えるかもしれません。で

もその後、妊娠、結婚、出産を経験し、職にも就かず育児もしない夫の代わりに働いて生活を支えることになった母は、ランちゃんの小さい頃のことをあまりはっきり覚えていないほど忙しかったかもしれず、自由にふるまえる子ども体験は中途半端に終わったようにみえます。そして、かつてと同様にいまも祖母の意向に無関心ではいられない自分を抱えているかもしれません。

・その他にチェックしておきたいエピソードなどがあるでしょうか。

▽離婚した父との交流を母は続けています。たとえば、離婚前にこのようなことはなかったでしょうか。「ランちゃんの父に対して気に食わないところのある祖母を気にして、祖母に気に入られるように行動してほしいと母が父に働きかけても、それにいらだつ父は母の言うことを聞きません。祖母の機嫌を直したい母と、それが気にくわない父は争うようになり……」。つまり、２人の間に祖母がいて、その三角関係がうまくいかずに母と父が争うようになった可能性です。ですから間に祖母がいなければ関係はうまくいくのです。

▽母の妹の家族がどのような家族かが影響してくる側面もあるかもしれません。子ども時代にあった成績の比較のように、家族としてうまくいっていることとの優劣の評価が母や祖母に影響を与えている可能性です。

・以上から支援の的はどこに絞られるでしょうか。

▽支援の的を絞るより前に、母との次の面接の機会に以上のような仮説を頭において、たとえば「母の子ども時代の話を聞く」という方針をもつことができるでしょう。

▽母の「子ども体験＝言いたいことを言う、したいことをする」の薄さが現況の背景にあるかもしれないことに焦点をおいて、母が抱える生きにくさや子ども時代の不満などの話を聞くことが考えられます。祖母への気遣いからそういった話題を口にすることに抵抗がある場合も、それを解く配慮をしながら、言いたいことを言ってもらうことが、23歳の母でもできる子ども体験として位置づけられないでしょうか。もちろ

んそのことが、よりうまく暮らせる方策を一緒に考えられるようなサポートにつながればよいと思います。

私はこのような「作り話」が何よりも大切だと思っています。アセスメントシートと呼ばれるものがありますが、もちろんそれも大切です。ただ「収集された情報の整理表」にとどまっている感があって、それを支援に役立つアセスメントにまでもっていくには、作り話化が必要です。そこで起きている人間関係を具体的に思い浮かべ、トリートメント（援助・支援）のイメージを広げやすくするためです。トリートメントのためにはアセスメントが重要であることに異論はないと思いますが、ただ、アセスメントに「真実」は現れません。「仮説」でしか登場しないわけで、仮説であっても事例に入っていくためには血の通った「設計図」が求められます。

トリートメントではこのように、ある仮説をもって事例にかかわります。それでうまく進めばその仮説は役に立っていることになりますから、仮説のまま進めばよいと思います。もしうまく進まなければ、その仮説は役に立たないわけですから修正が必要です。

「作り話」ですから、そうだと決めつけて固執せずに、役に立つ仮説を求め続けていけばよいのだと思います。役に立つ仮説が正しいかどうかはわかりません。しかし、目に見えないことになかなか正解は与えられないでしょうし、正解かどうか不明でも役に立てばよいのではないでしょうか。

また、ランちゃんの事例に関して立てた仮説は「家族支援」をめざしています。虐待事例についても虐待防止と家族支援の両方が必要だとよく言われます。でも家族支援が置き去りになって虐待防止にばかり走ることになる事例があるのではないでしょうか。そこはやはり家族支援をとおして虐待防止に至るという部分に目を向ける必要があるでしょう。そうでないと虐待防止もなかなか効果的に進まないように思います。

なお、家族をみるときの一般的な目のつけどころについては、巻末にある関連書籍の⑥⑪に述べましたし、⑤や⑨にも書かれています。ちなみに、⑪の『要保護児童対策地域協議会における子ども家庭の理解と支援』では、たくさんあると思われるポイントの中から次の6点を取り上げ、詳しく説明しています。

①人と人の間の線引き（境界）

家族間の境界や、家族内の個人間・世代間の線引きが適切に機能しているか。

②三角関係

三者の人間関係に区切ってみたときに、その関係はどうなっているか。

③子どもの負担

子どもの立場で大人の役割をとりすぎていないか。とくに障害や病気、高齢などで介護が必要な家族員がいる場合に、どのような役割を負っているか。

④決定

家族に関するさまざまな事柄の決定がどのようになされているか。

⑤生計・お金・生活の状況

生計はどのように立てられているか。財産やお金の流れ、転居の経過や家賃の支払い、別居や離婚の経過があるとしたらその理由、離婚後の養育費や面会などの実際はどうか。

⑥家族の誰かの死

どのような死であったか。遺族のその後の様子など。

D. 仮説を立てるときの留意点

これまでに述べたことと重複する内容もありますが、留意点をまとめます。

a. 個人的特徴と原因論

子どもや保護者、家族の病気や障害、その他の個人的特徴については、その特徴によってどのような人間関係が生まれやすいか、想定された人間関係の中ではその特徴がどのように行動に反映するかという視点で取り扱います。

家族の1人ひとりはつながっているので、さまざまな交流はそのつながりの中でできあがっています。したがって、誰か個人のふるまいだけを取り出して問題とするよりも、その前後の家族員間における交流の流れに焦点を当てるほうが、そこで起きていることを正確にみることになると思います。つまり、「誰が原因か」という因果論での発想よりも、「どんな交流になっているか」という円環論（一番最初の原因も何かの結果であり、原因と結果の連鎖は円状につながっているので大元の原因を特定できないといったように、原因ではなくものごとのつながり方そのものを重視する考え方）で人間関係を把握したほうが、「ではどのように対応を変化させていけば結果が異なる可能性があるか」という具体的な対応法の検討に移りやすいのです。この円環論は、家族だけでなくあらゆる人間関係に適用することができます。

b．人の法則性と非法則性

仮説を立てるときには、「人はこういう条件があればこう動くもの」という視点と、「しかし、人はどう動くかわからない」という視点の両方を大切にします。したがって、家族に起きていることの表面的な事象ばかりにとらわれず、可能性のあるさまざまな背景を想像しますが、決して決めつけません。また、仮説したことを確かめたり、仮説した方向で処遇を進める中でズレたりうまくいかない部分があれば、立てた仮設を再検討し修正します。家族に対する想像力の駆使と、それでいて決めつけずに修正していく柔軟さの双方が、家族に対する思いやりです。

c. 先入観から自由になる

世の中から思わされている家族についての「硬直した見方」から自由になり、その家族の中に必ずある、よい側面も平等にみる姿勢が必要です。

1つのエピソードだけから「あそこの家族はダメだ」「あそこはよい家族だ」と0か100かで決めつけてみられやすいところが、家族にはあります。そこには、「ダメな家族だ」と命名すると「ダメなところ」ばかりが目につき、「よい家族だ」と命名すると「よいところ」ばかりがみつかるという「魔法」が潜んでいます。私たちは対象のものごとがダメと命名されるとダメなところにだけ注目して探そうとするし、よいところには目もくれないからです。もちろん、これは家族という対象にだけ生じることではありません。

d. 支援者の生身性への配慮

さらに、仮説を立てるために検討するときには、検討する人たちの人生経験や常識が意味をもちます。また、１人での検討より複数で話し合いながらのほうがいろんな意見を出しあえ、思考が幅広く、また奥深くなりえます。一方で、眉間にシワを寄せての検討では思考や発言が不自由になります。リラックスできる場面作りを心がけるなど、支援者自身の「生身性」（支援者も機械ではなく人間であること）にも配慮しながら、自由な検討の場を準備することが重要です。

たとえば心理学の用語を使って仮説を立てると、現実世界から少し足を浮かせた「観念」の世界で検討している感じになるかもしれません。しかし私たちも、私たちが対象にしている事例の当事者の方々もより具体的な現実世界で生活しているので、私たちの常識的な感覚と言葉で検討したほうが、実際に起きていることに近づけるように思います。

また、やっぱり「三人寄れば文殊の知恵」です。３人寄ればそこに生じる刺激の量や質が違いますし、他人（ひと）は違うことを考えるものです。

さらに、「立派な意見を言わなくてはいけない」「こんなことを発言したら自分の評価が下がるんじゃないか」などのプレッシャーがかかると、意見が言えないどころか、それ以前に緊張感以外の何ものも頭に浮かびません。事例の当事者とのおつきあいは礼儀正しく節度をもって行う必要がありますが、それが行えるためにも、外に声が漏れない舞台裏では事例に向けた想像力をたくましくして自由に発言し、でもそれで決めつけないというバランスのよい検討ができたらよいと思います。

（2）子ども福祉臨床ならではのトリートメント

アセスメントにもとづいてトリートメントに進みますが、トリートメントとして世の中に流布されているものがたくさんあります。今日的にはカウンセリング、認知行動療法、トラウマケア、ペアレントトレーニング、家族療法、ライフストーリーワーク、性加害児ケアプログラムなどが目立つでしょうか。アセスメントが終わってトリートメントという次の段階にきたからという段取りだけで、「この症状にはこの薬だ」という感じでこれらの方法がいきなり貼りつけられるよりは、アセスメントを十分に踏まえて、何に焦点を当ててトリートメントするのがよいか、そのためにどういう方法を使うかという思考の流れが明確なほうが、きっと事例の役に立てる程度が高まると思います。

「いじめ」を例にとります。Ａくんと Ｂくんが争い始め、Ａくんが Ｂくんにひどい言葉を投げつけました。先生は争いのいきさつを尋ね、解決の方向を一緒に考え、最終的には投げつけた言葉についてAくんがBくんに謝罪して終わりました。この対応は目の前で起きていることへのそれ以上でも以下でもないものだと思います。しかし、もしこの事態がAくんによるBくんへの「いじめ」だと先生によって命名されたとしたら、「いじめ対策マニュアル」が開かれることになり、起きたことに不相応な展開になりかねません。

これは「命名（ネーミング）」の効果としてあまりよくない意味で取り上げられることです。たとえば、「性加害」と命名されたから自動的に「性加害プログラム」を受けさせるというのではなく、その子がどんな行為を具体的に行い、その行為はその子にとってどんな体験だったのかをアセスメントし、その体験に対して治療的にはどのように接近するかを考えることが大切でしょう。

ここでは個別の事例にも役立つかもしれない一般論として、私が子どもや家族へのトリートメントについて考えていることを述べることにします。

A.「世話されること」と「保護者のよい顔」

小さい子どもは保護者からたくさん世話されなければ生きていけませんし、大きくなって自立を主張するようになっても世話されることで基本的な安定をえています。それだけ世話される（守られる）ことは生きていくために重要ですが、保護者（大人）からの世話が十分でない場合、そのぶん、自分で自分を守らなければしようがありません。なぜなら、「危機（うまくいかない事態）」はいつでも子どもを襲うからです。喧嘩をして相手を怪我させた場合は大きな危機ですが、その喧嘩を始めることになった些細なきっかけも危機です。つまり、子どもは1歳でも15歳でも、その年齢にふさわしい大なり小なりの危機にいつも直面しうるわけで、そんな危機状態にある自分を自分で守らなければならないのです。でも子どもですから、社会的に適応した守り方はまだそんなに身につけていません。したがって、守り行動が問題行動になりやすくなります。暴力や暴言、自傷もするし、固まったり引きこもったりもするでしょう。ですから、問題行動が何であっても「大人からいまより少しでも守られるようになる」というトリートメントを、視野に入れておく必要があると思います。

また、このことは異なる側面からも捉えられます。自分が世話されている(守られている)ときは、子どもは世話してくれている相手から交流の主導権をとられて心地よい状況だと言えるでしょう。でもその心地よい状態を味わうことが十分でない場合、そして相手から主導権をとられて自分が心地よくない経験(不適切なかかわりなどによるもの)が繰り返されていればなおさら、心地よい状態を手に入れるために、あらゆる人間関係の中で今度は自分が交流の主導権をとろうとするようになるのではないでしょうか。しかし、相手も簡単には従ってくれなかったり、その場にはルールがあったりしますから、その行動はトラブルに結びつきやすいと言えるでしょう。だとしたら、「相手から主導権をとられて心地よい」経験を積み重ねることによって、主導権争いに固執しなくてもよいように少しずつでも変化するかもしれません。

私は子どもの健全育成のために必要なことを問われて、「保護者のよい顔」をあげたことがあります。この「よい顔」は「子どもが頼れる大人としてたくましい顔」で、まさに先に述べた世話をして守ってくれる顔です。成長を支えてくれる基本的な安定感は子どもにとって重要です。

B．子どものことは決めつけやすい

通常ではない環境や行為にさらされた子どもにはトラウマが生じ、そのトラウマを解消する手立てが必要だと言われればそのとおりです。しかし、その環境や行為が、それまでと異なって与えられた場合と、はじめから与えられていた場合とでは、子どもが受ける影響は異なるのではないでしょうか。はじめから与えられていた場合は、子どもにとってそれが通常（ふつう）になっているので、その後の健全な成長のためには「通常」の転換が必要です。トラウマケアだけではすくいきれない部分があるかもしれません。

また、子どもがこれまでの自分の処遇にまつわるさまざまな家庭的事情について、整理・共有できるよう支援する「ライフストーリーワーク」という手法があります。そのワークを実施していたある子どもは、ワークの意味するところを自分の中に取り入れていくにはいま少しの精神発達が必要で、いまはその発達の充実を優先的に視野に入れるほうが妥当に感じられました。

さらに、性被害を受けた経験のある性加害児への教育上の配慮はよく言われることですが、「性加害に関する矯正」と「性に関する適切な感覚の育成」のバランスも考えられてよいのではないでしょうか。前者については「性の衝動を認識でどう抑えるか」という「公的」な態度を育成することが強調されているように私は思います。しかし、性は「私的」で自由な世界です。そして、その私的な世界があってよいのだと共有できる人間関係のつながりがあってこそ、でも公的には抑制するのだということが教条的にではなく理解しやすいように感じるのです。私的な部分が公的に暴発するのを防ぐためにも、このバランスを意識した取り組みがなされればよいと思います。

子どもへのケアに関する情報はよく発信され、そのとおりだと思える説明もなされています。私が先ほど述べた、自分を守るための「問題行動論」もそうです。しかし、目の前の子どもは個別であり、その子のことをよくみて対応していく必要性は言うまでもありません。でも子どもたちは、発達・知能検査やパーソナリティ検査の結果、そしてさまざまな情報などから、「この子はこうだ」と決めつけられやすい存在だとも言えるのではないでしょうか。「そうかもしれないが、そうじゃないかもしれない。そうじゃないかもしれないが、そうかもしれない」対象として、子どものこともみていければよいと思います。

C．多様性と「ふつう」

最近では「多様性」の尊重についてよく言われます。たとえば障害のある人も多様な社会の一部分であり、いつの世にも一定数の方がおられて社会という全体が構成されているわけですから、障害者福祉はサービスではなく社会的責任です。子どもを虐待している保護者についても、交通事故がゼロの世の中はありえないのと同様に、虐待をゼロにするような努力は必要でもゼロにはならないということを前提に考えると、その保護者は私の代わりに世の中の諸要因の影響を引き受けてその役割を負うことになっている、もしかしたら私が虐待していたかもしれない、と捉えることができます。この考え方は、虐待をしている人としていない人との連続性を示唆しています。そして、家族や個人も多様です。よいわるいではなく、どんな家族か、どんな人かという問いがあるだけではないでしょうか。

この多様性の価値のもとで「ふつう」をもちだすと、何を基準にふつうだ、ふつうじゃないと言うのかと指摘されます。でも、たとえ子どもを虐待する保護者はふつうにいるとしても、「子どもを虐待する」ことが多様性の1つとしてふつうだと認められることにはなりません。ふつうは「虐待しない」ことです。そうでないと世の中の秩序は保たれません。いろいろなマナーやルールなどもそうです。いくら多様な人たち同士でも、一緒に生きていくうえでは「ふつうはこう考える」「ふつうはこうする」という共通項が必要です。

また私は、「保護者は正しい子育て法を学んで育てるのではなく、それまでの人生経験とそれにもとづく常識や知恵をとおして子どもを育てている」し、そのプロセスでは「保護者としてはまだ未熟なので不安や自信のなさを抱えながら失敗を繰り返し、成熟には向かっていくけれども、不安や失敗がなくなることはない」と考えています。そしてそれが「保護者のふつう」「ふつうの子育て」であり、常識や知恵に支えられながら、不安や失敗も含む子育ての中に、子どもを健全に育てる要素がいっぱい詰まっているのだと想定しているのです。なぜなら、いまの大人の大多数はふつうに健全に育ってきているからです。自分で自分のことをふつうだと評価するには少しの戸惑いがあるものですが、私たちはおかれた立場や意見の違いはあっても、「人生や世の中にはいろいろありますよね」という共有感にもとづいて、社会の一員として他者と一緒にふつうに生きる力をもっていると言ってよいのではないでしょうか。そして、たとえば児童養護施設などの職員は、職業としてその「ふつう」を「よりよい子育てを」との向上心とともに行っていますが、そういう子育てには十分な給料を支払うほどの価値があるのです。

多様性の尊重は価値観としてすんなり入ってくるようになってきています。そのぶん「ふつう」の旗色は悪くなりがちですが、これまでに述べたように「ふつう」がないと困ります。そして、その「ふつう」の基準をどこにおくのかということについても、よく考えなければなりません。「それは多様でよいわけではなく、ふつうはこうだ」「多様であることがふつうだ」というように、多様性とふつうの関係をバランスよく捉えることも、具体的なトリートメントの中で問われてくることがあるように思います。

D. マイナスのストーリーの書き換え

事例の当事者の方々は、抱えている問題の改善や解決がうまくいかずに相談に訪れたり、通告されたりしています。家族は「よい家族とわるい家族」になど分けられないと書きましたが、もし分けたいなら「いろんなことがうまくいっている家族と、うまくいかない家族」に分けたらどうかと言いたくなるくらい、うまくいったりいかなかったりする結果は家族に大きな影響を与え続けます。そして、うまくいかないことを抱え続けている家族は、さまざまな事柄に「ネガティブストーリー（否定的で悲観的な筋書き）」を描きがちです。たとえばコップに水が半分入っているという事実について、「コップに水が半分も入っている」というポジティブストーリー（肯定的で楽観的な筋書き）ではなく、「コップに水が半分しか入っていない」という筋書きを選び、それが筋書きではなく事実であると思い込む傾向があります。そして、やりとりする相手との間でも、ものごとがお互いの言い分を否定しあうように進行しがちで、関係がうまくいきません。

そしてそういう方々に私たちが出会うとき、ネガティブストーリーをたくさん抱えているかもしれない相手に対して、ネガティブではない、あるいはポジティブな筋書き作りを手伝えたらよいと思います。ポジティブなストーリーを描けたほうが少しの希望を見出しやすいし、希望はよい展開のきっかけになります。その筋書きの転換の手伝いは出会ったそのときから始められます。

私たちの目の前に現れた相手の発言や行動への応え方1つで、その後に続くやりとりに変化を生み出す可能性のある例をあげてみたいと思います。取り上げたのは子どもの保護者とのやりとりです。この方法は筋書きの変更に効果があるだけでなく、相手との人間関係における主導権の移動ともかかわりますが、それは後で説明します。

a．相手の行動：面談の予約の時刻に大幅に遅れてきたのに謝罪もなく不機嫌な保護者。

［流れに乗せられた対応①］	「時間どおりに来てもらいませんとね……」
［①への予想される反応］	「忙しい時に呼び出したりして、何の用よ！」
［その後の展開の可能性］	批判のしあい。
［異なる筋書きを作る対応②］	「遅れても来てくださったんですね。ありがとうございます」
［②への予想される反応］	「……用ってどんなことでしょうか」
［その後の展開の可能性］	用件についてのやりとりに入れる。

b．相手の発言：「子どもが言うことを聞かないもんだから、カッとなって叩いたんですよ」

［流れに乗せられた対応①］
［①への予想される反応］
［その後の展開の可能性］

「それはダメですよ」

「だって子どもが……」

批判と言い訳のやりとり。

［異なる筋書きを作る対応②］
［②への予想される反応］
［その後の展開の可能性］

「そうだったんですね」（叩いたことを肯定しているのではなく、そのときの状況に寄り添って理解しようとしている）。

「叩いたあとにヤバいって思って……」

子どもへの対応のむずかしさを共有し、そんなときはどうしたらよいかを一緒に考えることができるかもしれない。

c. 相手の発言：「保育園でのことは保育園で処理してくださいよ。忙しいのになんでわざわざ私が呼び出されなくちゃならないんですか！」

［流れに乗せられた対応①］
「大切な子どもさんのことじゃないですか」

［①への予想される反応］
「私のしつけがなってないって言いたいんですか！」

［その後の展開の可能性］
押し問答が続く。

［異なる筋書きを作る対応②］
「お忙しいのに、気が進まなくても来てくださったんですね。助かります」

［②への予想される反応］
「それで、どういうことでしょうか」

［その後の展開の可能性］
用件の本題に入っていくことができる。

d．相手の発言：「ベタベタくっついてくるんですよ、気色ワルイし、うっとおしくてしょうがない、この子！」

［流れに乗せられた対応①］
「もうちょっと愛情をもって接してあげましょうよ」

［①への予想される反応］
「そんなことをアナタに言われたくないね」

［その後の展開の可能性］
助言を聞いてもらえる雰囲気にならない（愛情の形はさまざまで、あなたは愛情がない人だと言っているようにとられると関係はとてもまずくなる）。

［異なる筋書きを作る対応②］
「そんな気分だったんですね」

［②への予想される反応］
「…そりゃ、可愛いときもなくはないけど…」

［その後の展開の可能性］
保護者の生の気持ちにふれることができる。

e. 相手の発言：「子どものことで言い争いばっかりで家庭教育上よくないし、ダメな親なんです、私たちは」

〔流れに乗せられた対応①〕
「夫婦喧嘩せずに、もっと穏やかな話し合いにはならないんですか」

〔①への予想される反応〕
「努力はしてるつもりなんですが、ダメですね」

〔その後の展開の可能性〕
「ダメ」という話を聞かされ続ける。

〔異なる筋書きを作る対応②〕
「大切な子どもさんのことで意見を戦わせて、立派なご両親じゃないですか」

〔②への予想される反応〕
「立派だなんて、そんなこと全然ないです」

〔その後の展開の可能性〕
「何をおっしゃいますか。いまは喧嘩もできないご両親もいらっしゃいましてね。今回の喧嘩はどんなふうでした？」

f．相手の発言：「（この子が）死んでしまえばいい。そんなひどいことを思う鬼みたいな親なんですよ、私は！」

［流れに乗せられた対応①］
「そんなことを思っちゃダメですよ」

［①への予想される反応］
「だから、ダメなことを思うダメな親なんですよ」

［その後の展開の可能性］
何を言っても保護者は自分を追い込む。

［異なる筋書きを作る対応②］
「仏さんだってそう思うことはありますよ」

［②への予想される反応］
「……どういうこと？」

［その後の展開の可能性］
「だって、子育てって大変ですから。いくら立派な仏さんだってねえ」とつなげることができる。

g. 相手の発言：「どう育てていいかわからないんですよ。昔から私は自分の考えっていうのがないんです」

［流れに乗せられた対応①］
「もっと自信をもって」

［①への予想される反応］
「よくそう言われるけど、無理なんです」

［その後の展開の可能性］
保護者は自分の非力を嘆くことに終始する。

［異なる筋書きを作る対応②］
「そういう悩みというか、迷いってありますよね」

［②への予想される反応］
「えっ、でも、みなさんわかってらっしゃるし、ちゃんと育ててるじゃないですか」

［その後の展開の可能性］
「わからないことがあたりまえ」というところまで、話の内容をもっていくことができる。

h．相手の発言（家庭訪問時）：「こんな時間に何ですか。非常識だと思いますけど！」

［流れに乗せられた対応 ①］

「ご近所から虐待通告があったもので……」

［①への予想される反応］

「何ですか、いきなり虐待だなんて。そんなことしてるわけがないじゃないですか！」

［その後の展開の可能性］

「虐待」という言葉が居座り続ける。

［異なる筋書きを作る対応 ②］

「子どもさんの泣き声が止まなくて心配だと、ご近所の方が教えてくださったものですから」

［②への予想される反応］

「子どもだから泣くこともありますよ。おせっかいな人もいるもんで……」

［その後の展開の可能性］

「電話があったことについては確かめなければならないので、ちょっとお話を聴かせてもらえませんか」（少なくとも「虐待」という言葉が間におかれたときよりも展開させやすいと思われる）。

i．相手の発言（家庭訪問時）：「なんで子どもを連れてこなけりゃいけないんですか！　虐待なんかしてませんってば……」

［流れに乗せられた対応①］

「してなかったら連れてこられるでしょう」

［①への予想される反応］

「何ですかそれ。いきなり犯罪者扱いですか！」

［その後の展開の可能性］

押し問答が続いて膠着状態になる。

［異なる筋書きを作る対応②］

「わかります。私たちは虐待をしてるって言ってるんじゃないんです。お電話も間違いかもしれませんしね。それにはじめてお会いしてるわけですから、わからないんです。信じないのかとおっしゃるお気持ちもわかりますけど、申し訳ないです、信じるも信じないもわからないんです。助けてもらえたらありがたいなんて、甘

［②への予想される反応］

えてすみません」
「……そんな、勝手に来といて、わからないわからないって言われてもねえ」

［その後の展開の可能性］

少なくとも押し問答からは逃れることができて、他の話にも流れる余裕がその場に生まれるかもしれない。

j．相手の発言（家庭訪問時）：「虐待なんかじゃない。親の責任としてしつけてるんだよ」

［流れに乗せられた対応①］

「それをいまの時代では虐待と言うんです」

［①への予想される反応］

「偉そうに。うちの子の大変さをわかっちゃい

［その後の展開の可能性］

ないくせに！」

押し問答が続いて、保護者はヒートアップし続ける。

［異なる筋書きを作る対応②］

「親御さんの責任感は立派だと思います。でも私たちは子どもさんの安全と安心を守らなくてはならないし、それだけでなく親御さんが加害者になってしまうことからも守らなくてはなりません。親御さんのその強い責任感を別の形で表しませんか。相談にのらせてください」

［②への予想される反応］

「これぐらいで加害者だなんてそんな馬鹿な…」

［その後の展開の可能性］

少しでもトーンダウンしたと思えたら、「ご苦労されてきたんですね」と、保護者のこれまでの苦労のねぎらいにシフトできたらよい。

これらのように、相手の発言や行動をネガティブでなく、あるいはポジティブに意味づけし直し（リフレイミング）たり、言葉や態度を変えたりすることによって、その後の展開をより生産的なものにしていくことができます。そしてそれができているときには、同時に、相手からコミュニケーションの主導権をとられがちな状況で、主導権を取り返すという機能を発揮している側面があります。

先ほどのｊの対応①を例にとると、「虐待じゃない、しつけだ」と主張する保護者に対抗しているわけです。対抗したのには正しい認識を伝えるべきだという義務感だけではなく、負けてはいけないという対立感情も作用していることでしょう。相手に主導権をとられやすいのは、対立心や怒りがわいたり、イライラしたり、びっくりしたり、あきれたり、どう対応したらいいかわからなくて焦ったり、こちらの感情が動いて困るときです。それでその感情のままに対応すると、「だってそうでしょう」「あなたにはわからない」と相手から追い打ちをかけられたり開き直られたりします。そしてまたそれに主導権をとられて……というふうに、相手のペースに巻き込まれてコミュニケーションが進みます。そこで、「しつけたいという気持ちは立派だ」と部分的にしろ肯定すると、相手はそんなふうに返ってくるとは思っていないぶん、戸惑ってこちらのペースに乗ってこざるをえなくなります。その時点で主導権が交代しています。実は、相手は最初に主張する段階から、「自分がこう言うとこう返されるだろうから、それに対してはこう言ってやろう」と感覚的にリハーサルしているようなところがあります。そしてそのリハーサルどおりになると「それきた」となりますが、わかってもらえるなんて想定外で、つまり「アテが外れる」わけです。この「アテを外す」ことによって主導権を取り返すことができたら、支援の入り口に立てるかもしれません。

E. 落とし穴や悪循環

考えや対応の仕方は正しいと思って支援しているのだがうまくいかない、なんでだろう……、そんなときには落とし穴に落ちていたり、悪循環が起きていたりする可能性があります。

ある事例で、「家事や子育てを何もしない」ネグレクトお母さんについて、関係者の間で「何もしない」という言葉がキャッチフレーズになっていました。「ほうきをもってたよ」「しゃもじをもってたよ」という情報が入っても、職員は「そんなはずないでしょ」と反応するので、情報提供者も「見間違いかな」と思ってしまうほどでした。でも「もってた」のです。これは、前節で「『ダメ』と命名されると『ダメ』なところにだけに注目して探そうとするし、『よい』ところには目もくれない」と書いたことと同じです。「もってた」ことを評価され始めると、お母さんは少しずつにしろ、あれもこれもとやってくれるようになりました。私たち自身も「偏見」にとらわれやすい生身の人間であることを自覚しなければなりません。

別の事例では、適応的な行動がとれない小学生の処遇が検討されていましたが、児童精神科医によって「愛着障害」の診断が出た途端、その診断名は独り歩きし、母親の養育力が問題視されました。精神障害の診断基準では愛着障害の原因は限定されていないにもかかわらずです。ここでも、養育力に問題がある母親像に沿った情報が重視され、沿っていない情報は捨て去られました。子どもの問題行動をきっかけに、母親が精神的に不安定になったことも彼女自身の問題であるとされ、そういうこともふつうにありうるという理解はなかなかしてもらえませんでした。この事例をとおして、愛着障害＝養育力の問題という結びつきのイメージの根強さを感じましたし、医師の診断はまっとうなものでしたが、診断名を受け取る側の責任を強く意識させられました。

また、自分にだけではなく子どもたちにも暴力をふるった父親と離婚し、自分の就業のために児童養護施設に子どもたちを入所させた母親は、その「DV被害者・離婚・子どもの施設入所」のレッテルによって、児童福祉上、課題を抱えた母親であるというイメージを関係者からもたれていました。そして、これまでの家庭のいきさつを子どもたちに詳しく話しすぎることについて、どのように母親に対して指導するべきかが課題になっていました。しかし、暴力をふるう父親から子どもを引き離し、安定した衣食住を提供するために子どもたちを入所させ、面会や一時帰省の機会を最大限に活用して子どもたちとの親子関係を温めていた母親でした。家庭のこれまでについて子どもたちに丁寧に説明したことも子どもたちの納得につながったようですし、子どもたちの健全な成長は母親の力量とともにあったと言ってよいと思いました。私たちの意見は、母親への指導ではなく、むしろ立派な子育てについて母親から教えてもらうのが妥当だということで一致しました。

さらに、ステップファミリーと呼ばれる再婚家族は、それぞれの再婚前の家族システムを再婚後の新しい家族システムに統合していかなければならない点で、簡単ではない課題を抱えているように思われますから、「あそこはステップファミリーだから」と特別視されやすいように感じます。たしかに、なかなか子育てがうまくいかない様子が事例をとおしてうかがわれる場合もあるのですが、そのうまくいかなさを乗り越えて上手に運営している家族も多いのではないでしょうか。そしてそんな家族の両親の力量はかなり高いのだと思います。述べたような特別視が家族の負担にならないように支援したいところです。

その他にも、知的障害のある保護者に対して、知的障害がなくても達成がむずかしいと思われるような課題が設定されてしまうことが、事例検討会などではあります。知的障害のない保護者へと同じように子育ての責任を問おうとする感覚の反映だと思いますが、現にその責任を果たせていない事態の元とされる知的障害は、その保護者の責任ではありません。前節で「多様な役割」について述べましたが、まさにここでは「社会が子どもを育てる」という路線で、保護者を支援することが必要でしょう。

この「社会が子どもを育てる」というフレーズですが、そう唱えながら「そうなんだけど、保護者が第一に頑張ることが前提ね」と確認したくなるような気持ちが私たちにないでしょうか。そこを突っ込まれると「保護者も社会の一員だから頑張ってもらうのはあたりまえで、言ってることに何ら矛盾はない」との反応が返ってきそうです。でもやはり「子どもの状況は保護者のせい」だと保護者の責任を第一に問うているのであれば、これまでとあまり変わらないように思いますし、その責任を問うメッセージは保護者に届いてしまっていることでしょう。「社会で子どもを育てる」という正論をせっかく言い始めたのですから、文字どおりの社会体制をしっかり整え、それを積極的に利用していくことが必要なのではないでしょうか。

（3）コミュニティに向けた業務

A．児童相談所業務の理にかなっているところ

次ページの図は、児童相談所における相談援助活動の体系・展開を簡略化して示したものです。

実は、この図をみて機嫌を悪くした医師がいたと聞いたことがあります。「医学面の判定」が他の判定と同列に扱われていたからだそうです。また、医療分野の心理職の方から、医学と心理が同列に扱われているこの図に「うらやましい」との感想をもらうこともありますから、医師を頂点とするという感覚は古くはないのかもしれません。

医師の役割はもちろんとても重要ですが、それに対して他の分野の者が無理に肩を並べようとしているわけではありません。複数の職種が一緒に実質的に協力できる関係に

よって、目の前の支援を求めている人の役に立てることが重要ですし、それを喜んでいる医師も多いことでしょう。

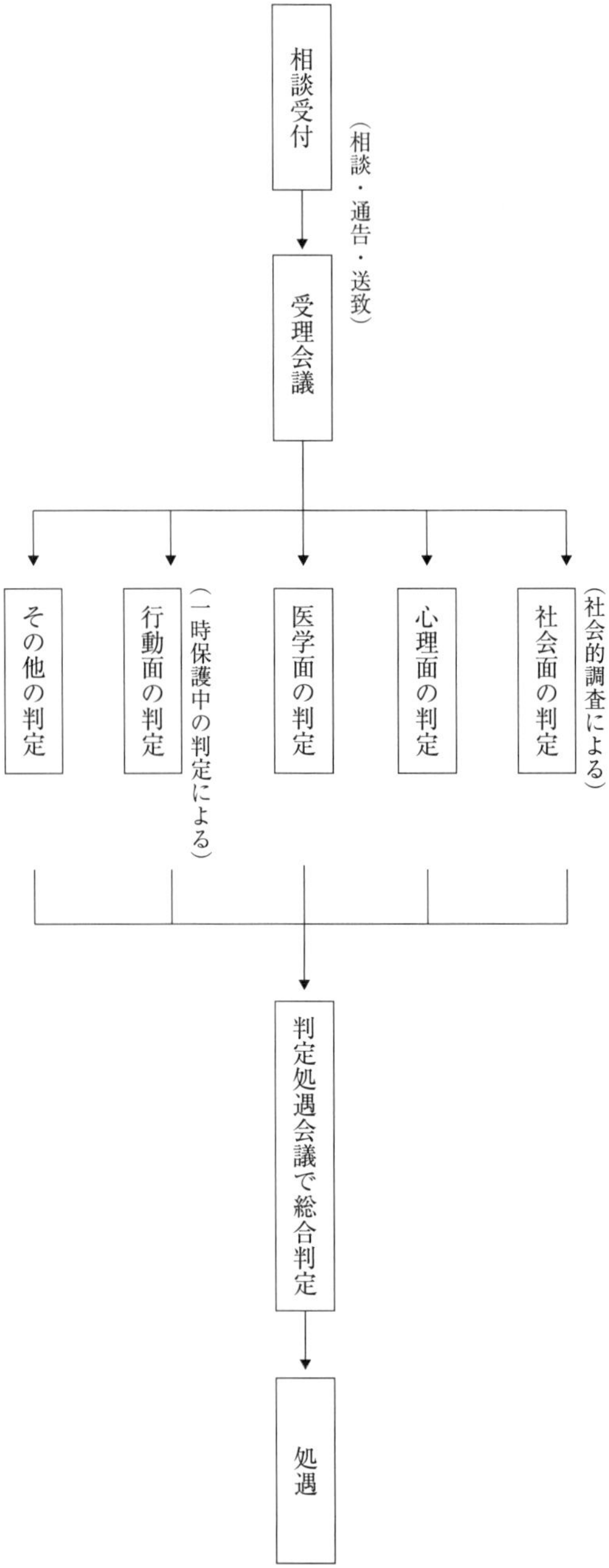

B．子ども福祉臨床の特徴と大切にしたいこと

市区町村の子ども福祉課や児童相談所などにおける子ども福祉臨床は、行政と臨床がリンクし行政として臨床を行うわけで、臨床だけを行う機関の業務とは異なっています。その特徴は以下の4点に絞られるでしょう。

①子どもを育てる側の課題についても相談にのる
②児童通告（事件送致も含む）を受けて開始する相談もある
③行政処分を行うことができる（児童相談所）
④複数の職員（職種）がチームアプローチを展開する（児童相談所）

そして業務上で大切にしたいと私が考えていることは、これまでに述べたことも含みますが、以下の6点です。

①「主訴」を入口にして子どもの「福祉」を視野に入れる。子どもの権利の保障を事例処遇の中に具体的に織り込む業務的責任がある。

②子どもと子どもが育つ場への支援の芽を探る必要があり、十分な調査と背景への想像力の駆使によって仮説を立て、処遇に進む。

③児童相談所は行政処分や家庭裁判所への提訴などもできる権限をもつが、それはとりもなおさず行政処分などを行わない権限をもつことでもある。

④事例への早急な介入が必要な場合にはそれを行いつつ、一方では子どもや家族の発達・成長、少しずつの変化に時間をかけて粘り強く寄り添う必要がある。

⑤世の中にはさまざまな立場や状況の人がいる。個人の責任に帰せない要因についてよく考察し、支援を社会の責任として位置づけたい。

⑥心理検査の結果としての数値や所見、医師による診断名などについては、正確な理解と慎重な配慮によって支援に資するべきである。

C．心理職の業務をとおして現場を考える

私は児童相談所の心理職でした。そして、狭い意味での心理職（心理テストや心理治療を行う）から「児童相談所の職員」に変化したという実感がありますし、それがよかったと思っています。ですから、いま心理職に就いている人をみたときに、児童相談所職員の心理職として働けているかどうかが気になります。

対人援助業務の対象は人ですから、職種が何であれ人の心理にからんで仕事をしています。そういう広い意味では、みんな心理職です。また、人の心は内（深層心理と言われているものなど）に閉じている部分もあるかもしれませんが、一方で周りの社会にいつも開かれているわけです。ですから、狭い意味での心理職も子どもの心理面だけでなく、子どもをとりまく家族や社会の状況、人間関係を十分視野に入れる必要があります。

その狭義の心理職ですが、いま、子ども福祉臨床の領域にはこんな状況が到来しているのではないでしょうか。それは、子ども家庭相談業務や子ども虐待防止活動における

単なる子どもの心理面の担当ではなく、子ども福祉臨床業務や子ども虐待防止活動全体を視野に入れて子どもとその家族を相手にしていく構えが必要で、『スペシャリスト（専門家）であるだけでなく、ジェネラリスト（万能家）でもある』という器用さを売り物にするような言い方をこえて、生活上、業務上のあらゆることは人間の『心理』が作り出していることであるからとして業務に向かわないと、やっていることが間尺に合わないことになっていきそうな状況です。

つまり、心理テストも心理治療もその子の健全育成を目的にした手段として行っているわけで、目的とするところを見据えておきたいのです。私が業務で大切にしたいことの①で述べた業務的責任をどのように果たしていくかです。たとえば短期の子ども福祉（保護者との交流を断ってでも目の前の危機からどう救うか）と、長期の子ども福祉（保護者との交流を大切にしながら成人になるまでよりよく育つ環境をどう整えるか）のバランスを考えた処遇などは、児童福祉司との二人三脚で検討して実践していくべきことでしょう。また、要保護児童対策地域協議会の協議内容をどう充実させていくか、連携をどう実のあるものにしていくかについても、心理職は、それはメインの業務ではないと言い切れるでしょうか。これらのように、業務の目的を明確にしたときにそのための手段をどう自分に課すかについて、心理職、いや職員全員は、その自由度を広くもっているのだと思います。

D．資格と専門性

心理職のことを例にとって子ども福祉分野の業務について考えることを続けます。社会福祉士など他の職種の資格を例にとっても、同じことが言えるのかもしれません。公認心理師と臨床心理士の資格は、名称独占ではあっても業務独占ではありません。もし業務独占であれば、心理職でない人が誰かの心理相談にのったら法律違反になりますから、そうなっては困ります。ですから、業務独占でないのは至極妥当なことです。それに対して、たとえば医師には医師にしかできないことがあります。それを免許のない人が行ったら危険ですし命にかかわりますから、罰せられて当然です。そして、その知識や技術がある人は医師以外にはいません。つまり免許のある人とない人との間の垣根は高くなります。

ところが、資格のある心理職は、資格のない人より技量が高いとは限りません。心理職に求められる技量には、教育によって学んだことだけではなく、その人が生来もち合わせているものや、人生経験でえたものも寄与しているからです。もちろん、学んで身につくものは大きいこともあって専門職として成立するのですが、資格のある人とない人との垣根は少し低くなると言ってよいと思います。

さて、この医師と心理職の違いを専門性の高低として捉えるのか、それとも専門性の種類が違うと考えたらよいのか。どちらかに判定を下すことに意味があるとは思えませんが、心理職の中で医師と肩を並べたいという動機のある人は、いや、もちろんそういう動機のない人も、心理職としてのエネルギーを次に述べるようなことに向けるとよいのではないかと私は考えています。

つまり、表立った専門性だけでは扱えない部分（非専門家でもできることだけれど、なかなかむずかしいこと）を、裏の目立たないところでの専門性として取り組むのです。

たとえば、職場内連携も関係機関連携も人の心理がからむ事柄です。「会話のない家庭の父親が『会話のある明るい家庭を！』というスローガンを目にして帰り、家族そろっての無言の食事が終わったあと、『さあ、これから会話を始める』と宣言した」という笑い話がありますが、連携にはそれが自然にできていくような、この父親とは異なる配慮や仕掛けが必要です。つまり「黒子の心理業務」であり、要保護児童対策地域協議会の協議がうまく展開していくためにも、この地味な業務を含むリードが重要になってきます。

　また、「素人」の中に「素人」として入っていく専門性もあるのではないでしょうか。自分は「玄人」だとして、人の心理に関する自分の説をあたかも正解かのように主張する人がいたり、実務では心理検査結果などにもとづいて関係者に助言したりする場合もあります。しかし説は仮説ですし、検査結果も真説ではありませんから、「そうかもしれないけど、そうじゃないかもしれない」という、「素人」にみえるスタンスをとれることも1つの専門性かもしれません。またそのときに、専門用語を使わずにわかりやすい日常語で話せることも大切な力量です。ただし、これらは決して素人のふりをするというのではありません。素人に戻れる、あるいは玄人と素人の間を行ったり来たりできる素朴さや柔軟性を指しています。

　さらに、「心のケアなんて要らない。風呂を沸かしてくれないか」と地震の被災者から言われた経験が私にはありますが、そこで風呂を沸かすことのできる「素人」としての判断・行動力をもちたいと思ったものです。

こういった「非専門的専門性」とでも呼べるようなことを、とくに子ども福祉分野にいる心理職は自分の専門性の中に大事な部分として置き直してみてはどうかと思うのです。対人援助職はその知識や技術に加えて人柄が大切だとよく言われますが、人柄を求めるのではなく、その人柄に求められるような事柄を心理職の専門性教育の内容の１つにしてよいのではないでしょうか。つまり人間力と言われるようなものを「添える」のではなく「育成する」のです。

E. この時代背景の中で維持したい専門的意識

児童相談所の児童福祉司のステップアップ研修の講師を頼まれたときに、ステップアップとは何かを考えました。そしてこれは児童福祉司だけにとってのものではなく、子ども福祉臨床に従事している人たちに向けて言えることではないかと思いました。私が話したのは、次のようなことでした。「『与えられた枠組みに当てはめて業務を進めることから一歩進んで、その枠組みを自分の中に自分の考えにもとづいて置き直し、新たにえられた自分の枠組みで考える』こと。そして自分の考えにもとづいて置き直すには、『与えられた枠組みに含まれる矛盾や疑問点なども併せて他者の意見を聞きながら、自分で考えて見解を出す』こと（自分＝職場）」。

ずいぶん前ですが、ＮＨＫの『クローズアップ現代』で「赤ちゃんポスト」が取り上げられたとき、一旦はポストに赤ちゃんを預けたけれども、その後引き取った実親が母子心中した事例が流れていました。そして、その事例を担当した児童相談所職員が「引き取りなどに関するマニュアルもない中で……」と言い訳したことに対して、コメンテーターが「マニュアルがないからなんてなんと情けない発言だ」「児童福祉に対する『熱』はないのか」と批判していました。私は、「（情）熱」「熱（意）」というところに話をもっていかず、「自分の考えにもとづいて置き直す」、つまり自分としてはどう思うかという言葉に置き直したほうが、指針になりえるのではないかと思いました。さらに言葉を替えると、「悩む」ことです。悩むとは思考することで、思考を停止せずに悩み、選択した回答の根拠にもとづいて責任をもとうとすることです。

このステップアップに関して言いたかったことは、職場に提示されるいろいろなテーマを「１００とも０ともせずに曖昧さを維持できる」専門性についてでした。たとえば、アセスメントシートについてはすでに述べましたが、それを「100パーセント信じるとか100パーセント信じない」ではなく、その位置づけを自分（たち）の判断で適正に行うということです。また、総論として提示される「体罰＝虐待」という認識を日の前の各論的事例にそのまま当てはめるかどうかにも、適切な判断が必要でしょう。子どもの意見表明をどう扱うかについても、表明された意見とその子の幸せを100か0かで天秤にかけるのではなく判断しなければなりません。さらに、子どもに侵襲性の高い（子どもの心に負荷をかけすぎる）心理テストの施行は避けると言っても、そのテストの有用性と子どもの処遇のための必要性によって、注意しながら施行したほうがよい場合もあるでしょう。そして先ほど述べた「専門性」についても、額面や建前ではなく実質的なところで役に立ててはじめて、浮かび上がってくるものだと思います。

第2章　発達相談場面での保護者への対応

〜その子の一番の専門家は保護者〜

この章では、子どもの健診や発達相談に従事している保健師やその他のみなさんに向けて、かつて講義した内容をもとに、保護者への対応についてまとめました。

(1) 来談した保護者の思い

A. 一般的に想像する

子どもを育てるのは大変です。子どもと生活を一日中ともにしているとしたら「感情労働」の極みで、それも自分１人だけに負担がかかっているとなおさらです。そのことが相談員に共有されなければ、保護者は反発してしまいます。よく相談員の若さや未婚などが反発の要因になると言われることがありますが、この子育ての大変さが関連しているかもしれません。

さて、健診や発達相談で子どもについて何か指摘された場合、保護者はそれがあまりよくないことだと不安になり、場合によってはかなりのショックを受けます。今日来なければよかったと思うので、場に対して回避的になります。逆によいことだととても幸せな気分になって子どもがさらに可愛くみえ、来てよかったと思います。よくないことを指摘されると、いまだけでなく将来にわたっての負担を一瞬にしろイメージするかもしれません。そんなふうに心に苦しいことを抱えると、守る、隠すといった方向に心は動きやすいので、話に応じたり指摘されていることを認めにくくなりがちです。

また、子どもについてよくないことが指摘されると、育てる役の自分が悪いのではないかと思ってしまいます。いろいろと事情を抱えているとその事情が原因に思われて悔やまれますし、家族の誰々のせいだ、私は悪くないと思い、自分を守ろうとすることもあります。いずれにしろ指摘している相手から責められているように感じて、相談員に反感をもちやすくなります。

B．発達検査課題を実施する場合

子どもの発達の状況を発達検査でチェックする場合、その検査は子どもにその場で直接に実施するものか、保護者に質問するタイプのものでしょう。また、検査項目の一部を用いるだけか、検査をはじめから終わりまで行うかは、健診か発達相談かでも異なると思います。検査状況が他の保護者にも見えたり、検査結果にもとづいた助言が聞こえたりする場合は、そのことに保護者は大きく影響を受けるでしょうから、よりよい場面作りが必要です。

子どもにその場で直接に実施する検査の様子を保護者がみている場合、子どもがうまく応えたときはともかく、うまく応えられなければなおさら、検査者による検査のやり方の不備などに目がいきがちです。そして、保護者の中で次のような思いが生じる場合があります。「その課題は家でやらせたことがないからできなかっただけ」、「そんなことをやっただけで何がわかるのか」と。

実は、こういった保護者からの検査に向けた疑いの視線は、検査者自身の検査の捉え方と真っ向から対立しなければならないほど、偏ってはいないと思います。たしかに、子どもに直接実施する検査では、検査者によって、また子どものその時の調子や心の状況、周りの状況によって子どもの反応は影響を受けます。実際、「そんなことをやっただけ」ではわからないこともたくさんありますし、「そうかもしれないけど、そうじゃないかもしれない」こともあります。そのようなところが発達検査を含む心理検査と、身体医学的検査などの違いなのです。したがって、検査についてはその結果で子どものことを決めつけず、保護者と検査者が子どものことを一緒に考える際の材料として位置づけたらよいのではないでしょうか。

でも、血液検査結果などと同様に発達検査結果こそが正しいかのように子どものことを決めつけられると、自分の思いを聞いてもらえないと保護者は反発し、検査への疑いの目がさらに強く向けられることになりかねません。

そしてそういった不信が生じると、当然、その続きにある子どもへのかかわりについての助言も受け入れてもらいにくくなります。ましてその内容がとってつけたようなものだったり、もうそんなことはやっている、そんなことを忙しい日常生活の中でやれるはずがないなどと思われると、子どもや家族のことをわかってくれていないとして助言を受け入れる気持ちになってもらえません。

(2) 支援をめざした配慮

A. 総論として

a. 来所と日々の子育てへのねぎらい

健診や発達相談に来場した保護者の方にはまず、その場に足を運んでくださったことと、日々の子育てへのねぎらいの声を届けたいものです。第1章で述べたように、相手への肯定的評価はコミュニケーションの悪循環を切って主導権を取り戻す働きをしやすいこともあって、支援の第一歩になりえます。

そして、その日の健診や発達相談のスケジュールの確認が行えたらよいと思います。そのスケジュールですが、時間や段取りだけではなく、今日どんなことがわかればよいか、何を手に入れて帰りたいかという、保護者の中にある相談についての目標なども確認できたらよいでしょう。

b．その子の一番の専門家は保護者

相談員は子どもの発達などについて勉強している専門家だったとしても、目の前の1人の子どもについて一番詳しい、つまりその子についての一番の専門家は保護者です。ですから、その一番の専門家から教えてもらわないと、わからないことがたくさんあります。そして、そういうスタンスを保てていれば、前に述べた発達検査結果こそが正しいかのような錯覚から逃れやすくなるでしょう。

対象の子どもとその子のことを一番よく知っている保護者を、子どもが所属している集団のスタッフや相談員などがとりまいて支援チーム（応援団）を作るようなイメージがもてたらよいと思います。子どもへのかかわり方についての助言にしても、これが正しいからやってくださいというよりも、「実験」的にやってみて結果を報告してもらい、修正しながら進めていくようなことができたらよいのではないでしょうか。相談という

非日常的な場面で作り上げた助言の内容を、生活という日常場面で検証してもらうことをとおして、とりまきの相談員たちが少しでも保護者の立場に近づけるよう努力するのです。

c．保護者をやっつけたいのではない

「その子の一番の専門家は保護者」ですから、保護者を「やっつけたくなる」ことは少ないと思いますが、相談員は、専門家と呼ばれたり発達検査という武器をもっていたりするために、ついやっつけたくなることがあるものです。そして母親のかかわりの如何が子どもの成長発達を左右すると思わせやすい「母子関係論」によって母親をワルモノにするような考え方が世の中から払拭されているかというと、そうでもありませんし、保護者から反発されたりすると、そのワルモノ退治の「虫」が動き始めるかもしれません。そこのところは悪循環に至らないようにコミュニケーションをコントロールする術を身につけたいと思いますし、その都度、目の前の業務の目的は何かに立ち戻る必要があります。目的は子ども家庭支援です。保護者に勝つことではありません。

もし保護者を怒らせてしまったときは、「怒らせてしまってごめんなさい。そういった理由でしたらもっと怒っていただいてあたりまえなのに、我慢してくださってたんですね」という対応もあることでしょう。

d．よかれと思ってした助言

「子どもさんに対して、これからこんなふうにかかわってみませんか」という助言はそんなに珍しいものではないと思います。でも、そう言われた保護者は、このように考えを進める場合があります。「これからこんなふうにかかわって」→「これまでのかかわりがいけなかった」→「取り返しがつかない、いまからでは遅いのでは……」。こういうふうにとられたように思って以来、私は「これまでの発達段階ではそのかかわりがよかったと思います。いまは次の発達段階に移ってきているので、それに合わせてこういうふうに変えませんか」と言い方を変えました。「発達段階」ということしやかな言葉をもってきたわけです。

こんなふうに、よかれと思って発した言葉がどうとられているかわからないとなると、何も言えなくなる感じがあるかもしれませんが、自分の経験をとおして自分なりの対応の「辞書」を頭の中に作っておくとよいかもしれません。

e．より丁寧なコミュニケーション

発達障害云々をもちださなくても、「見る読むはいいけど聞くのは苦手」あるいはその逆など、得手不得手も含めてその人らしさは異なると思います。そして、「わかりました？」と尋ねられて「ええ」と相手が答えたからといって、本当にわかったかどうかはわからない場合もありますし、どの人に発達障害があるのかないのかは、簡単には区別できません。だとしたら、発達障害のある人に「合理的配慮を」という限定的なものでなく、とくに対人援助業務では誰に対しても「より丁寧なコミュニケーション」を心がけたらよいのではないでしょうか。やりとりするときに図や絵などを描いたものを添えるとか、曖昧な言葉はより明確に言い換えるとか、子どもの行動についての心配な程度は10点満点の何点かを尋ねるなど、より具体的に取り扱う工夫です。

f．背景への思いやり

家庭が抱えた事情などがわかっている場合は、そのことも踏まえた対応を心がけますが、まだわかっていない場合も背景に何もないわけではありません。心がけがよくない保護者だと批判されても、そうならざるをえない事情があったりするものです。

子どもが抗てんかん薬を処方されているのに飲ませていなかった母親は、家族から「そんなに強い薬を飲ませて何かあったらどうするんだ」と反対されて、飲ませることができていませんでした。発作がほとんど目立たないものだったこともあるのですが、家族の強固な力動は母親だけの力では動かしがたいものだったのです。そして「飲ませるな」という家族と「飲ませろ」という専門家の板ばさみになっていました。

発達相談場面で保護者から家族の抱える事情が話され、子ども家庭を支援するためにはそれを避けて通れないときが多々あると思います。その場合は、その事情を発達相談の内容の理解にどう組み込んで助言に活かすかを検討することになるでしょうし、内容によっては、相談の場を他にも設定するなどの工夫がなされたりするのではないでしょうか。

B. 少しだけ各論的に

a. 検査結果をどう伝えるか

本章の最初に述べましたが、検査結果を伝える時には保護者が何を聞いて帰りたいかというニーズをつかみ、そのニーズに合わせて伝えることになると思います。その保護者のニーズよりも、相談員のことを伝えたいという気持ちが勝っているように自覚できたときには、それが相談員の自己満足にすぎないかどうかのチェックを入れてみてよいと思います。

検査結果を伝える場合は、結果の否定的な面を決め込んだり、それを伝えることに終始するのではなく、子どもがもつ変化の可能性に向けて今後の支援を念頭におくことは言うまでもありません。発達年齢や発達指数、医師による診断名を告げる必要がある場合には、指数などの算出される手順と意味、診断名の診断基準の説明をわかりやすく行ったうえで伝えるのがよいと私は考えています。これは多くの場合、私の自己満足ではないと考えているのですが、いかがでしょうか。

b．子どもとの遊びの具体例

抽象的な助言ではなく具体例を示されるのは、保護者にとってありがたいことだと思います。子どもが相手とやりとりする力をつけるために保護者に行ってもらう具体的なことについては、私はまず保護者が現にどんなことをしているかを尋ねます。そして「それはよいですね。続けましょう」と伝えられることを探します。場合によってはそのアレンジ版を提案したりもします。こちらから新たに提案する場合は、「一緒にドラえもんの絵が描けるようにしましょう」とか、手遊びが適切なら「『げんこつやまのたぬきさん』を教えてあげましょう」など、その子の現状からしてできそうなことをできるだけわかりやすく提示します。そして、うまくいかなかったという報告を受けたときにもどこまでできたかを尋ね、それは失敗ではなくうまくいく途中経過だとするなど、報告された事柄がどんな内容でも否定的に捉えず肯定的評価に徹します。

c．問題意識がなかったり自分を責める保護者

問題意識がないかあるかの０か１００で尋ねて０だったら、問題意識がない保護者になってしまうかもしれませんが、「０から１００までで言えば何点ですか」と問えば、０点という答えはそう答えることが目的の場合以外、あまり聞かれないのではないでしょうか。たとえば10点だったら、「10点も心配してくださってる」と返すか、「10点しか心配せずおおらかにみてくださっている」と返すかは相手によりますが、その問題の事象について話を進めることができます。

また、よくないこと（よわみ）ばかりに話の焦点が当たるとしんどくなりますし、問題行動ばかりみて、子どものことをみていないことにもなりかねません。その子には必ずよいところ（つよみ）もあるわけですから、そのバランス感覚は大切です。

さらに、たとえば保育園ではとても手がかかる子どもが自宅ではそんなことはないという場合、自宅できちんと面倒をみてもらえていないのではという憶測が生まれることがあります。でも場が違えば行動は違いうるわけで、よいわるいの評価抜きでなぜそうなっているかを検討すれば、その理由がみえてくることがあります。

子どものよわみだけに目が向いて、それを自分の育て方のせいだと責める保護者に対しては、とても責任感の強い保護者だと肯定的に評価できる側面があります。場合によっては「そんなにおっしゃるんだったら、子どもさんにはこんなつよいところもありますよね、そこも親御さんが育てたということを忘れないでね」と伝えることもできるでしょう。でも育て方で育ちが左右されると強調されすぎてもいけませんから、「子育てって、なかなか思うようにはいかないものですよね」くらいですませたほうがよいかもしれません。

d. 子どもに感情的に接してしまう保護者

第1章のポジティブなストーリー作りの例でも述べたように、保護者が子どもに感情的な接し方になる場合は、そのいきさつを聞き取り、思いを共感的に支えることができるでしょう。また、そう接した後の気持ちやなりゆきも聞く中で、保護者が問題視している自身の行為を代替できるものを一緒に考えることができればよいと思います。そして、そういう相談場面を共有できること自体がその保護者の力量だと、賞賛できるのではないでしょうか。

C．チームアプローチ

子どもと保護者は、健診や発達相談に至るまでに保健師や支援員からかかわりをもたれていたり、療育機関や保育所などへの通所と並行して相談に訪れたりもしています。つまり、子どもと保護者を誰か1人がずっと支援してきたわけではなく、複数の人や機関がかかわってきています。したがって、その人たちの間で必要なことについて連携がとれているのが、当事者や関係者にとってありがたいことだと思います。

しかし、とくに発達検査を行う発達相談員の場合は、発達検査を行ってアセスメントをするという点をもってか、連携をさほど意識しなくても独自の考えでふるまえるような現状になっている場合があるかもしれません。これは他の医療・治療機関などの場合も同様ではないでしょうか。もちろん、連携は「横一線」を意味するわけではありませんし、横一線が支援になるとは限らないとも言えます。ただ、事例の検討をしているときに、関係機関がチームとして協議し、アプローチできればよいのにと思うときはあります。そしてそのための仕組みは行政的にも整えられようとしているのだと思いますが、一口に連携と言っても実質的なところではむずかしい事柄もあるのではないでしょうか。まずは発達相談の場面からだとしたら、よりよいチームアプローチの工夫はどのように進められるでしょうか。

第3章　子ども虐待による死亡事例から考える

～収束的に拡散的に～

この章では、２０２３年2月1日に西日本こども研修センターあかしが主催した指導教育担当児童福祉司任用前研修Ａ〔後期〕で、私が行ったオンライン講義『演習3　子ども虐待対応――死亡事例の検証』の内容をもとに、虐待死が起きる要因などについて思いをめぐらせ、社会的調査の視点を提案しました。

（1）私と子ども虐待死

私が２００６年３月まで相談判定課長として勤務していた児童相談所で、その年の10月、担当していた3歳の男児が餓死し、両親が逮捕されました。私が課長としてマネジメントしていた課の業務システムを次の課長が引き継ぎ、その中で起きた事件でしたから、私にも責任があったわけですが、退職後の私は何をすることもできず、できたのは職員をねぎらうために野菜ジュースを差し入れるぐらいでした。ちなみに、この事件をきっかけにいわゆる「48時間ルール」（虐待通告を受けてから48時間以内に子どもの安全を確認し、緊急の協議に入ることなど）ができたと、この事件をレポートした本で知りました。

私に「虐待死」に関する講師の打診があったときに、まず頭に浮かんだのがこの体験でした。最初は何をお話しすればよいかわかりませんでしたが、講義を依頼してこられた主催者の意向を聞いて、挑戦してみようと思いました。その意向とは、「虐待死の防止に関しては同じような論調が続いている。異なる視点がほしい」というものでした。私は「同じような論調」を、この業界において定番の思考法による収束的思考だと捉え、そこに私なりの飛躍も含めた自由な視点による拡散的思考を加えて検討できないかと考えました。

（2）私の体験

A．足元での事件の際に考えたこと

前述の足元での事件を受けて考えたことは、次のようなことでした。

結果が「子どもが亡くなった」ということであれば、ケースワークの中での「判断」が間違っていたことになります。判断は諸情報から立てた「仮説」にもとづきます。しかし、仮説は真説ではないので「判断の誤り」は当然にありえるわけです。

となれば、仮説をより精密にすることと、仮説に頼りすぎない安全装置の必要性が解決方法として導かれますが、そのことで「判断の誤りによる危険度」はゼロになりえるでしょうか。仮説はいくら精密にしても仮説であることにかわりありませんから、策は虐待死をゼロにするための安全装置として、保護者と子どもの「物理的分離」（全件一時

保護）しかなくなります。しかし、それが現実的にできることだったり、本当に子ども福祉分野における子ども虐待防止策として求められていることなのでしょうか。

つまり、私たちは死亡事例をどうなくすかという難題を抱え続けることになります。

B．間接的にふれた虐待死亡事例

以下は私が間接的にふれた事例で、最初の2つではケースカンファレンスにも参加しました。

a．加害者の被害者的側面と社会復帰

やんちゃな子どもにある罰を加えることを常套手段にしていた父親は、そのやり方で第2子を死なせてしまい、服役しました。一緒に罰を受けた第1子は助かりましたが、その事件後に母親の体調が不安定になり、施設に措置されました。

第1子の引き取りのための面接が、出所した父親と母親を対象に行われていたのですが、「あれは事故だった」という思いの表明をやめない父親に対して、「虐待行為を行ったという自覚ができていない以上、第1子の子育ての安全は保障されないため、家庭引き取りは認められない」という対応が続いていました。しかし、「加害者も自分の行為から被害を受けている」という側面を考慮していいのではないかと、私は思いました。「自分が子どもを死に至らしめた」ことをまだ受け入れられず、「事故死という側面もあると思いたい」というプロセスにある父親を、「そう思うんですね」と了解的に受けとめる部分があってもよいのではないかと思ったのです。

また別の事例では、赤ちゃんを死なせてしまった母親が刑期を終え、死なせた現場である家に帰ってきました。事件後も赤ちゃんのきょうだいはその家で祖父母と暮らしていました。ケースフォローとして、母親からきょうだいへの再虐待のリスクや親子関係、母親の行動の状況が観察され、リスクが多く報告されていきました。私は、地域に求められているのは再虐待のリスクの監視よりも、「虐待死をへた虐待者やその家族の社会復帰」という課題ではないのかと考えました。近所の目もあるなか、虐待死が起きた家に家族が暮らし続け、加害者である母もそこに帰ってきたという状況に、社会復帰という大きな課題が検討されたようには考えにくかったのです。そしてリスクを見つけようとすれば、リスクは必ず見つかり、また、そのリスクはどこの家庭にもあるようなものだったりするのです。

この2つのケースでの私の視点は、その場では新しいものでした。そうなった理由は、おそらくカンファレンスの場でその事例を担当する機関の職員や関係者でないのは、私1人だったからだと思います。関係者ではなくその事例のことをよく知らなかったから、細部の事情に引っ張られすぎず、1つ上位の視点、つまりメタ視点から事例を眺めて考えることになったのです。

b. 担当者の「心のケア」

子どもが虐待死した事例の担当者が、事例対応の検証委員会の委員による調査のための聞き取り後、ある身体症状を出しているので「心のケア」をしてほしいという依頼を受けました。担当者を前にしてどう対応したものかと戸惑いましたが、事例対応の経過を聞くことになりました。検証委員からの質問や指摘はかなり厳しかったらしく、担当者からは事例対応への反省が述べられます。しかし、経験の浅い担当者は先輩に協力してもらいながら、大きな穴なく精一杯対応していました。赤ちゃんが亡くなったのは事実ですが、遺族への対応などは「よくやってくれたんですね」と称賛したくなるようなもので、私のそういう思いも率直に伝えました。担当者が少しの笑顔をみせて「ありがとうございました」と言ってくれたので、それで面接を終えました。

その後、担当者の身体症状がどうなったかは聞いていません。私が行ったのが「心のケア」になったかどうかもまったくわかりません。

担当者が反省した点は、自分や機関の「至らなかった」ところでした。でも後からの評価で「あってはならない」ことだとされたとしても、対応中の段階では「誰でもそうした」かもしれません。「あなたのおかげでうまく進んだこともある」というメタ視点とポジティブな視線で私は取り組みましたが、対応に不備があったとしても批判したくなるようなところはあまりなかったと言ったほうがよい面談でした。虐待死にかかわった担当者の対応に「原因」を固定するような指摘は、担当者に「判断の誤り」を強く意識させたでしょうし、その意識に支配された心の葛藤は身体症状に出口を求めるしかなかったのかもしれません。

c．児童虐待重大事件に関する著作を読んで

川﨑二三彦・増沢高（編著）『日本の児童虐待重大事件２０００－２０１０』（福村出版）に掲載された事例を読みながら、繰り返し頭に浮かんだのは、「子どものワルイところしか見つからない」→「そこを直そうとしてもうまくいかない」→「直せないワルイところばかりで目の前の景色が埋め尽くされる」→「それでも直そうとしてどんどん悪循環にはまりエスカレートしていく」という流れで行われた保護者による虐待行為でした。子どもの反応が保護者によって「自分の言うことを聞かない」と命名されることによって、「言うことを聞く」例外は目に入らなくなり、「言うことを聞かせる」ことだけに躍起になるのでしょうか。そして、「まさか、そんな……」と周りが距離感をもって受けとめざるをえないような事態に至ります。

また、「自分は『継父（継母）だから』『実父（実母）だから』きっと周囲からこう思われるから……」といった考えにとらわれ、子育てがうまくいかなくなり、追い詰められていく様子が想像される事例もありました。

そのようにみていくと、事例の家族が追い詰められるプロセスにあるメタ視点のもて

なさ（うまくいかないことだけにズームされて追い詰められてしまい、大局的にものごとをみられなくなること）と、先ほど述べた直接支援にあたっている機関や関係者の事例との距離感や、外部から来たカンファレンス参加者のそれとの差、つまり事例をメタ視点から眺めやすいかどうかとは、私の中でリンクしてくるのです。

リスクとリスクのクリアだけに焦点をおくことによる悪循環、つまり追い詰めてゆく、追い詰められてゆくという保護者と子どもとの間の虐待システムの転換が必要で、それは虐待事例を担当する支援者間にも、先ほどの検証委員と事例の担当者との関係にも当てはまることではないかと思うのです。追い詰めて収束させようとするアプローチがうまくいかないとしたら、追い詰めずに収束させようとしない方向に展開することで、何かが開けてこないかと考えてみてもよいのではないでしょうか。

（3）虐待死について少しだけ広げて考える

広げすぎるかもしれませんが、まず、「死ぬ」という共通点だけで私が担当した自殺事例を取り上げます。

A．自殺したAくんとBさん

中学3年のときに、友だちへの加害行為で相談があったAくんは、卒業して働き始めてから一人暮らしのアパートで自殺しました。「部屋の中で重大なことが起きていそうだというのに、大家がドアの鍵をもってくるまで待っていた家族」というのが象徴するように、「たいしたことはないだろう」と高を括ったり、「あいつはあんなだから……」

うにみえました。
と突き放して関心を向けず、家族のそれぞれは自分のことばかりに関心を向けていたよ

また、中学1年のBさんは不登校でした。時間的にすれちがいの生活をおくっているわけではないのに、家族のメンバー同士がそこまでバラバラかと思えるようなエピソードばかりでした。合同家族面接を親子並行面接に切り替えて間がないうちに自殺してしまいました。児童相談所が家族をかえてくれると期待していたのに、面接の形が変わって絶望した側面もあるんじゃないかと、振り返りのカンファレンスで話されました。

両方の事例とも、子どものもつ「期待」と現実との距離感、つまり「期待は叶わない」「望むものは自分の手の届かないところにある」という絶望感がイメージとして浮かび上がってきます。そして、家族員間の物理的、心理的な距離がうかがわれます。

B．虐待事例と「距離感」

私は、「死ぬ」ことや「死後」について想像したときには、気が遠くなるような異質

感や異世界感をもちます。そして、自殺者や「死に至る虐待」の被害者の当惑や絶望感はもちろんのこと、加害者の破壊的な衝動や閉塞感などがからんだ極限状況を想像したときにも、私が慣れ親しんでいる日常から大きく離れている感覚（距離感）をもちます。そして、現実にあった「死」に至るプロセスの報道に出会うと、こういった距離感を含む「どうしようもない感じ」が襲います。

この「死」や「死に至る虐待」に対する私の距離感ですが、虐待当事者の中にも実はそういう日常から離れた感覚の距離感があり、あるいは追い詰められたりする中でできてしまい、それがあるから死に至らしめるようなことにまでなってしまうのではないかと考えるのは、飛躍がすぎるでしょうか。距離が大きくなることによって相手の息遣いが聞こえなくなり、相手の痛みや喜びなどが伝わってくるような関係性が断たれてしまうような状況です。虐待死に至る事例もいろいろあるでしょうから一括りにはできないと思いますが、当事者が意識せずに体験しているかもしれない何かを外から眺める立場にある私は、それをつかんで「距離感」と命名していると言い換えてよいかもしれません。

たとえば、身内に不幸があると立ち直れないほどの衝撃を受けます。でも顔は知っているというぐらいの他人の不幸の場合は、そんなことはありません。それは他人であれば、身内のような自分との親密な関係性は存在しないからです。相手を死に至らせる虐待の加害者は、行為に至るときには、一見、身内だからできるかのように被害者との距離を極端に縮めています。しかしその行為は反対に、自分のことを、あたかも被害者とは親密な関係性のない「遠い距離にある存在」だから「死ぬなんてことは絶対にあってなるものか」とまでは思わない、相手に無関心な他人かのようなふるまいになっているように私にはみえます。

人と人との間にはいくら親しい間柄でも、身内同士でも、境界（バウンダリー）があります。勝手にこえてはいけない境目です。相手の存在や自由を尊重するのも、何を考えているんだろうと思いやるのも、相手の嬉しさや辛さに共感するのも、そしてハラスメントに及ばないのも、相手との間に境界が存在するからです。ですから、身内だから距離が近くなってしまうようにもみえる被害者への一方的な「侵入」は、人間関係の質からみれば「境界を介した適切な人間関係性」が伴わない介入です。このことは、加害者から被害者に向けた関係性認識に「（適切なところから）距離がある」とも表現できるのではないでしょうか。質的に距離のある関係性だから物理的・心理的距離を一方的に不適切に縮めることができるのです。それまでにもともとあった関係性認識についての誤解や貧弱さが、追い詰められる中での自己防衛やコントロールできないくらいの勢いなどを伴い、「おまえのためだ」と言いつつ自分のためでしかない、自分しか視野に入っていない行為に結びつくとみることができるかもしれません。

ここでいう距離感が表れる事象は、事例の日常的なエピソードの中に、「ふつう（の感覚で）はそうはしないだろう」「ふつうはそうはならないだろう」と私たちが思えるような極端さや筋のとおらなさとして、子どもに対する行動だけでなく家族員間の交流に示されていないでしょうか。家族の中で家族員同士が加害者と被害者になってしまいかねない関係性、述べたような「追い詰められている状況」などは直接的に把握しやすい事態ですが、そのようなことにもつながりかねない芽として見つけられるエピソードが、「軽い」レベルのものでも事例の日常にあるかもしれません。

家族や親族が適切に機能していないようにみえた事例もあります。いろんな事情はうかがえても、結果的に虐待をしてしまった保護者を支える人が誰もいなかったような状況です。先ほどの本にある事例を読みながら、「（ふつうは）一緒にいるだろう」「止めるだろう」『反対するだろう』『様子を見に行くだろう』『尋ねるだろう』『手を貸すだろう』『話を聞くだろう」と私はつぶやいていました。そういった「距離感」の受けとめも、事例に対応する中でそれに該当するようなエピソードを聞いたことをきっかけに、より詳しく分け入って調査したり、手立てを考える始まりになったりしないでしょうか。

（4）あらためて子ども家庭支援に必要なもの

A. 事例検討の重要さ

事例検討をとおして、まずは家族のありようや、虐待がなぜどのように起きているのかなどのアセスメントが求められます。いわゆるアセスメントシートについては第1章でも述べましたが、シートでチェックした各要素がただ単に羅列されたり、各要素を組み立てて全体像を描いてみようとしたとしても「部分をつなぎあわせただけの作文」に終わってしまっては、その後の対応に役立つアセスメントにはなりにくいように思います。求められるのは、その家族員がどんな感じでいまそこにいるのかも感じられるような事例像を、想像力を駆使して（同時に決め込まないことも大切ですが）仮説することです。そしてその作業をしながら、述べたような絶望感や距離感なども具体的なエピソードの中に見つけられたらよいのではないでしょうか。やはり、必要なのは丁寧な事例検討です。

これも第1章で述べましたが、虐待ケースへの対応が家族支援より虐待防止に傾きすぎているのではないかと、私は思っています。家族支援すべき内容が具体的に仮説できにくいこともその一因にはあるでしょう。しかし、虐待防止に力を入れていても虐待死の記事を目にするという矛盾を、重要なこととして受けとめる必要があるのではないでしょうか。さらに、虐待防止策を積み重ねてゆけば虐待死がなくなる見通しがつくのであればよいのですが、それればかりでは心許ないのであれば、家族支援を虐待防止に太い線でつないでゆくという、子ども福祉臨床が担うべき部分をぜひ再確認したいと思います。

B. 検証に関する異なる視点

繰り返し述べていますが、事例の支援においては仮説をもとに動くしかない限り、「判断の誤り」の可能性はなくなりません。死亡事例を検証すれば「判断の誤り」は必ず見つかるからです。ただ、「子どもを死なせてはならない」ので検証が厳しくなるのは致し方ないと思います。子どもを守るための業務の基本的なところが整備されていない機関については、そこを整える必要があるでしょう。しかし、「判断の誤り」ばかりを追求してその改善を行おうとしても、そのことによって一定のところまでは調査や判断のあるべき標準を作れるかもしれませんが、検証の対象になった支援者は追い込まれて疲れきるばかりではないでしょうか。

先ほど述べた、検証委員による調査以降に身体症状を出した担当者が、症状ではなく言葉が出せるように支えていくことが必要です。そのためには、慌てて「収束」的に改善策を立てようとするより、慌てずに「拡散」的にも思いをめぐらせて起きたことの全体像を共有し、みていくべきところはどこかを探っていく余裕をもつことが大切ではないかと思います。

第４章　要保護児童対策地域協議会の充実のために

～「狭く深く」と「広く浅く」～

この章には、２０２２年７月22日に奈良県三宅町要保護児童対策地域協議会代表者会議が主催した研修会と、２０２２年10月26日に京都府伊根町要保護児童対策地域協議会事務局が主催した研修会で、私が行った講義『機関連携に関して』『児童虐待防止に関する知識と対応』の内容をもとに、要対協の活動や、それについて検討したい点をまとめました。

（1）要対協とは

要保護児童対策地域協議会（要対協）は、子ども家庭に向けて支援を進めていくにあたってとても重要なものです。要対協について私が説明するのは適任ではありませんが、そのうちの個別ケース検討会議や、回数は多くはないのですが実務者会議で経験したことをもとに、気になっている点などをお伝えします。

A．協議の対象

要対協については児童福祉法による必置義務があり、協議の対象は「要保護児童」「要支援児童」「特定妊婦」です。

「要保護児童」を、私はこれまで「家庭養育だけに任せておけない児童」と意訳してきましたが、「社会全体で子どもを育てよう」という気運の中では表現を変えたほうがよいかもしれません。「要支援児童」とは、支援が必要だけれども「要保護児童」までには至らない児童、「特定妊婦」は、子どもの無事な出産とその後の安定的な養育が懸念される妊婦のことです。

B．三層構造

協議会が行う会議は「代表者会議」「実務者会議」「個別ケース検討会議」の三層からなり、設置の目的は、対象の子どもの福祉（虐待防止・子ども家庭支援）について地域の責任として協議し、連携して対応することです。

「代表者会議」では、関係する各機関や団体の代表者が地域の要保護児童対策に関して必要なことを話し合います。地域への啓発や各機関内、関係機関間の連携などの促進が期待されていますが、「個別ケース検討会議」「実務者会議」のあり方も含めて、自らの地域により適合した協議会のあり方の模索をリードする役割もあるように思います。「実務者会議」では管内の対象児童の全体を把握し、虐待防止・家族支援活動を管理していますが、そのありようについては模索が続いています。

「個別ケース検討会議」は特定された事例のよりよい処遇のために通常よく行われるようなカンファレンスですが、「情報交換会」ではなく「検討会議」ですから、出席するメンバーは情報をもち寄ったうえで協議を行います。内容は事例の実情分析とそれにもとづいたアプローチについてです。各メンバーには、全員が各セクションを超えて子ども家庭支援の業務を分かち合う部分をもつ構えで、協議に積極的に参加することが求められます。

これら３つの会議を招集し運営するのが、要保護児童対策調整機関（事務局）です。会議に関する事前事後の準備や整理、会議当日の進行などを担当します。事務局は「実務者会議」で管轄内のケース管理を行う（多くのケース数を扱う）必要性から、市区町村単位（大都市ではより小単位）で担っているのが現状ですが、業務量に見合った人員配置がなされていないところも多く（市には従来から家庭児童相談室があって、それなりの人員確保はなされているところもありますが、区町村にはそれがありません）、要対協全体でのサポートが必要です。もちろん、事務局を担当する市区町村も中心的役割をもつ支援機関の1つです。

C. 守秘義務

個人情報が扱われるのでメンバーには守秘義務が課されます。また行政的には「縦割り」ではなく「横割り」でメンバーが招集され、複数の機関が情報を共有するために、この守秘義務はさらに重視されます。

この横割り化はあたりまえのことのように思えますから目立ちませんが、ひと昔前に比べると画期的なことです。児童相談所が相談中の子どもについて学校の先生から情報をえようとしても、守秘義務を根拠に断られることがありました。いまでも学校によっては要対協があまり知られておらず、学校がえている情報しかない中で、つまり教育と福祉の連携がとれずに、検討に行き詰っている支援の必要な事例に学校で出くわすことがあります。

(2) 虐待を疑ったときの初期対応

要対協で登録・協議されるのは通告や相談のあった事例ですので、支援を必要とする子どもを発見する立場にある方から質問されることは、虐待を疑ったときの相談や通告などの初期対応についてです。一般論で言えば次のようなことになるでしょうか。

①虐待を疑ったときには、子ども本人への聴取や観察と保護者への聴取を行うが、その際には先入観をもちすぎて追い込むようなことなく、事実（発言内容や観察事項他）を正確に記録しておく。伝聞事項については、いつ誰からのものかも記録する。なお、「１人で判断しない、動かない」というのが、とくに虐待事例対応のときの鉄則である。

②子どもとよく接する保育士や教員など特定の職種には、一般国民以上に強い通告義務があると同時に、団体（組織）の通告義務が定められていて、通告は法的義務である。「通告」という言葉には「堅い」「強権的」なイメージがつきまとうが、「虐待に対応するために行政としてバックアップする部署に協力を求める」というぐらいの意味に捉えたらどうだろうか。

③通告前と通告後とで一方的に対応が変えられるわけではない場合が多く（もちろん、必要な場合は一時保護などが進められる場合もある）、通告する側とされる機関で意向のすり合わせが必要な部分があれば行いたい。そしてその後も要対協をとおして関係者が協力し対応していくことになる。

（3）要対協に関して気になる点

A．個別ケース検討会議と実務者会議との関係

　要対協の重要性は言うまでもありません。しかし、よく機能しているところとそうでないところがあるようです。これに関することは次項でも述べますが、ここでは、「事例の実情に、より詳しく分け入っていくカンファレンスの場」である個別ケース検討会議と、「管轄内の要保護児童への対応を管理する場」としての実務者会議との関係に焦点を当てて述べたいと思います。ただし、これは私が見聞きした範囲のことで、一般化できるかどうかはわかりません。しかし、検討すべきむずかしいテーマが含まれているように思います。

　私が参加した実務者会議では、管内の多数のケースの進行管理が行われていました。

最初は検討予定のケース数の多さに圧倒されましたが、次第に、各ケースの中身が報告され、その処遇の中身についても参加者に諮られ決定されていく形への違和感が、私の中で膨らんでいきました。なぜなら、私が児童相談所で経験した進行管理会議とはまったく異なっていたからです。児童相談所では判定処遇会議（各ケースの中身を詳しく検討する）と進行管理会議（連絡や面接が予定どおり行えているかをチェックする）とを分けて実施していました。したがって、事例の中身に関しては前者に限り、後者では処遇などの中身には入らないことで、業務の適正化と効率化をはかっていました。ですから、実務者会議は進行管理を行う会議だと聞いていたのに……と困惑したのです。

個別ケース検討会議には、その個別の事例を一番身近で知っているメンバーが選ばれて出席しています。ですから、詳しく中身の検討ができて、事例の実際に即した処遇を考えることができるでしょう。しかし実務者会議は、その一番身近なメンバーほどには近くないところにいるメンバーが多くを占めていることがほとんどなのではないでしょうか。そして1つではなく多数の事例が提出されるので、メンバーにとっては自分がまったく知らない事例を目の前にする時間のほうが圧倒的に多くなります。私が参加した実務者会議では、いま取り上げられている事例に一番詳しいわけではない、あるいはまったく知らないメンバーが大多数を占める場にその事例が示され、提案されている処遇の決定のよしあしを判断する根拠をもてないメンバーは、最終的に司会者によって「ご意見もないようなので……」と賛成だと処理されるようなことになっていたように思います。それでは事務局の処遇案がそのまま通るしかなく、協議する価値が損なわれてしまいます。

やはり、中身を協議し処遇方向を定めていくのは、その事例について一番よく知っている個別ケース検討会議のメンバーでしょう。そしてその個別ケース検討会議と実務者会議が有機的につながっていることが必要ではないでしょうか。

実務者会議には、管轄内の全要保護児童などを把握し、対応に漏れがないようにするという行政的使命が託されているのだと思います。しかし、そのことが優先されすぎて、肝心の個別ケース検討会議があまり実施されていない例も耳にします。行政的使命も大切ですが、そのためにも、１つひとつの事例を丁寧にみるという臨床的使命が優先されなければなりません。個別ケース検討会議を「狭く深く（検討する）」、実務者会議を「広く浅く」と表現するならば、「広く浅く」はなくても「狭く深く」はなくてはならないのではないでしょうか。「狭く深く」を積み重ねていけば「広く深く」になるという見通しをもてない事例数を多く抱えた地域は、「広く浅く」だけにならない工夫を打ち出していく必要があるでしょう。

繰り返しますが、ここで述べたことは私が見聞きした範囲でのことです。よりよい運営がなされている協議会の例を参考にすることができるよう、協議会間の交流ができないものでしょうか。また、それが無理でも、管轄割の見直しなどによって適正な管内ケース数にすることや、行政的管理は会議以外の方法で行えないかとか、個別ケース検討会議のメンバーをたびたび招集することになる事務局の申し訳なさ感を減らせるように、代表者会議がより強く呼びかけるなど、むずかしいけれども検討してみてよいことはあるのではないでしょうか。法律を作り、通知を行った方たちも、現場からの実態についての報告やそれにもとづいた率直な要望が届くことを望んでおられると思います。

B．要対協について検討する際のテーマ

ここまで述べたことも含めますが、要対協に関して今後検討するときに、テーマとし

て取り上げてよいのではないかと私が考える点を並べることにします。

①個別ケース検討会議の目的は情報交換だけではなく、処遇のための事例の理解と支援のための協議である。「関係機関は情報をもちよるだけで、市区町村の児童福祉担当課や児童相談所だけが『専門機関』とされ、そこだけが処遇を考える」のではない。

②個別ケース検討会議に複数機関が集まって協議する意味は、実際に連携して処遇に進むためだけではなく、それ以前に、その事例のことを理解しようとするにあたって、各メンバーの職域からそれぞれにみえるものがあるからである。そういう意味で、事例に直接かかわりのない職域のメンバーが参加していてもおかしくはない。また、同じ職域にあっても、１人ひとりはみんな違ってそれぞれにみえるものがあることは言うまでもない。

③「虐待防止」と切り離せないこととして「家族支援」、家族支援の前提に「家族

理解」がある。支援を視野に入れた「家族理解」を、想像力の駆使と、しかしそれで決めつけない態度で行いたい。このアセスメントのための作業は自由な思考と発言が保障された雰囲気の中で可能になる。これらのことを次の④とともに再確認したい。

④個別ケース検討会議の進行役の事務局は、メンバーの協力をえながらよりよい協議ができるような会議の運営をめざしたい。事例への否定的評価に終始したり、一部のメンバーの主張による場の支配、関係機関間の批判の応酬などが繰り返される場合は、建設的な方向に議論がシフトするように働きかける必要がある。

⑤個別ケース検討会議のメンバーが、対象家庭の生活に身近なところに位置しているか、それとも行政などに所属していて位置的にも資源的にも少し離れているかなどによって、地域におけるメンバーの役割や動きが違ってくる。対象家庭にとってのお互いの意味合いを考慮して支え合いながら、適切な分担で役割を果たしたい。

⑥実務者会議では何をどう管理するのか、個別ケース検討会議との有機的なつながりを構築したい。管内の全ケースの進行管理について、国から示されたところにそって運営していくことから、必要に応じてこれまでの経験にもとづいて自らの地域に役立つような形に再編していくような動きを期待したい。

⑦代表者会議には、代表者会議・実務者会議・個別ケース検討会議それぞれの課題を把握し、三層構造全体の有機的な連携によって地域の要保護児童対策がよりうまくいくような取り組みのリーダーシップをとってもらえればありがたい。

第5章　子どもへの対応をめぐる事態にかかわる

～後手から先手に～

この章では、「子どもにどうかかわるか」ではなく、「子どもに直接かかわる人たちはどう自分たちの業務を守り、子ども家庭を守ったらいいのだろうか」という視点で考えたことについてまとめました。

(1) 世の中の動きへの対応

A．感情労働の危機

私は、学生時代に知的障害児施設で1年間だけ指導員補助のアルバイトをしたり、子どもたちのキャンプに参加したりしたことがありました。児童相談所に就職してからは心理判定員として子どもと接したり、一時保護所の日宿直や1週間弱の療育事業に参加したりはあったものの、子どもたちとずっと生活を共にするような経験は学生時代を含め少なかったと思います。仕事では「面接」という短時間の決まった枠に守られての対応が主で、子どもに何を言われてもどんな態度をとられても、内面はともかく自分の行動を一定程度コントロールすることは可能でした。それでも、療育事業の中で感情が爆発して子どもにきつく当たった場面は、いまでも覚えているくらい嫌な体験でした。「嫌な」というのは、子どもに対してではなく自分に向けての気分です。そんな体験があったのでなおさら、同じ児童相談所で働く一時保護所担当の職員は大変だろうなと、いつも思っていました。子どもたちのことだけではないかもしれませんが、生身の人間としていつも心を揺さぶられる状況に入り込み、でもその中で適正な業務を行っていかなければならないのです。そんな私の想像は、社会福祉施設や入院病棟の職員、保育園や幼稚園、学校の先生にまで広がりました。

第2章でも用いましたが、「感情労働」という言葉があります。まさに感情を使う労働のことです。「笑顔」を売る仕事に求められるような無理に作る感情もあれば、感情的になってはいけないという認識はあっても、それに従わずに心の中でうごめくものをどう手なずけるかということが課題となる感情もあるわけです。そしてそのうごめく感情は、目の前にしている相手との人間関係によるだけでなく、他のところでの人間関係や社会関係からもってこられたものである場合もあり、手なずけるのをさらにむずかしくするのです。

その感情労働において、相手に対する不適切な対応をなくさなければならないという課題はまっとうなものです。その方策として、個人の認識や心構えによるコントロールを課すというのも必要なことだと思います。そしてそれだけでなく働きやすい環境をどう作るか、職員がストレスを抱え込むことを最小にするような環境整備が視野に入れられているのも正しいことです。でもその対策の具体化はすぐには進みません。そして職員による「不適切な対応」に注目が集まっているいま、誰しもがそれを探そうという目で探しますから、すぐに見つかります。見つかれば「注意されて改善する」ということを飛び越えて、「逮捕」というところまで世の中はきている……。こういった私の現状認識で大きくは間違っていないのではないでしょうか。

ある児童相談所の一時保護所職員研修の実施要項には、「令和４年12月には民法等の一部を改正する法律が可決成立し、親権者による懲戒権が削除され、児童の人権を尊重することが明記された。そのような中、一時保護所職員にも時代に応じた児童対応が求められており、当研修を実施することにより、一時保護所職員１人ひとりの専門性向上と支援の充実を目指し、もって複雑困難な入所児童の対応を適切に行い、児童の安全を守ることに資するため」と書かれています。まさに時代に即応した行政の対応です。

B．虐待防止と健全育成

ある児童福祉施設の子どもが、施設職員から虐待を受けたと、その施設ではない外部機関に訴え出ました。訴えを受けた機関は、おそらく「当事者が虐待を受けたと認識しているのであれば、その行為は虐待である」という考えから子どもの訴えを認め、施設に虐待防止に関する研修を受けるように命じ、研修が実施されました。ところが虐待とされた職員の行為は、「（必要な話をするために）ここに座りなさい」と子どもの肩に手をおいたというものでした。手をおいたことでどの程度の力が加わったかの言い分については両者の間に開きがありましたが、職員とその施設は認定に対して理不尽だという思いは抱えつつも、研修会では虐待に関することだけでなく、その子をどうよりよく育てていくかについて真摯に検討がなされました。

さて、この子どもが訴え出た職員の行為が「虐待」であり、内部で何事もなかったかのように処理される可能性があった場合は、子どもの虐待を受けない権利が守られた、すなわち子どもが外部に直接訴えることができる制度が活きたと言えます。でも、「法律や通知にこう書いてあるから」ではなく常識的に考えて、職員の行為が「虐待」かどうか疑わしい、あるいは「虐待」ではない場合、訴えさえあれば虐待だと認定することの悪影響は十分に検討するに値すると思うのです。

まず、虐待の認定プロセス自体に検討されるべきところがあります。次に、もしその子どもの中で、職員の行為を利用して外部に訴えることで職員を攻撃する意味合いが濃く、「言った者勝ち」になったとしたら、そのことの子ども自身への影響が大きく懸念されます。不当な「言った者勝ち」の経験を子どもにさせてはいけないでしょう。虐待防止は大切ですが、そのために子どもの健全育成が忘れられてはなりません。

しかし、訴えが不当だったかどうかはわかりませんから、焦点は虐待の認定に戻ってきます。虐待の認定作業や外部からの対応においては、「虐待防止」だけではなく、何が子どもの利益になるのかという実質的なところに踏み込まなければならないのではないかと思うのです。

私のこの意見に対しては、「言った者勝ちになった事例はあるかもしれないが、それはほんの一部で、虐待防止のためには必要な仕組みだ」という答えが返ってきそうなのですが、「ほんの一部」かもしれないし、もしかしたらそうじゃないかもしれません。そして「虐待防止」がメインテーマになっている現状で、その裏にあるかもしれないこのような課題についても真正面から取り上げようという空気は流れていないようですし、世の中の厳しい目によって、議論すらしづらいむずかしさがあります。

C．その行為は適切か不適切か

一時保護所や児童福祉施設だけでなく、保育所での子どもに対する不適切な行為にも焦点が当たり、「児童虐待の防止等に関する法律」の改正の声があがっていますが、ちょっとその前に一呼吸おきませんかという思いが私にはあります。児童虐待防止のために家族支援が言われるわけですが、保育所などでの不適切な関わり防止のための現場支援を、じっくり考えてみたらどうかと思うのです。

ａ．明らかに不適切な場合

やはり明らかに不適切だと誰しもが判断する行為はありますし、それが逮捕にまでつながっているのでしょう。たとえば、子どもたちが言うことを聞かないときに、聞かせるための手段がエスカレートしたり、今度はその手段で他の子どもたちにも最初から言うことを聞かせようとするようになったりするかもしれません。またその手段をとること自体が自分のうっぷん晴らしになったりと、歯止めがきかない勢いのある流れが個人の中にできていくようなイメージを描いてしまいます。イメージが描けるということは、私もそうなるかもしれないということです。

この勢いのある流れに乗ったとしたら、その行為を自分で止めることはなかなかむずかしいように思います。周りが止めなければなりません。しかし、自分の行為をよくないことだと認識している場合は隠すでしょうから、周りの目にとまらない場合もあるでしょうし、見かけたらすぐに止めに入るということにはなりにくいような要因がそこにはあるかもしれません。

しかし、止めなければなりません。止めるには「関心」をもつ必要がありますし、関心をもったことによって話を聞くなどの対応ができれば、子どもと職員を救えるかもしれません。

b．判断がむずかしい事柄

子どもにかかわる仕事をする人ももちろん生身の人間です。生身の人間には誰しもその時々の気持ちの流れと、それにもとづいた行動があります。そしてそこに個々人の違いも表れます。個性というと少し大層で、たとえばドアをノックする力の強さはみんな同じではないというぐらいの意味です。

しかし、私が述べたこの意味の流れにそって、虐待行為もその人のありようだから許されるということにはなりません。虐待は相手の守られるべき領域を一方的に侵すからです。自分勝手はいけないのです。でも、自分勝手でもかまわないその人らしさの部分にまで「適切」「不適切」を言われると、自由な生き方までも見張られている感じがします。述べた例のように、実際に「そんなことまで？」と疑問に思うような行為も虐待として問題視される場合があるようです。注意の仕方が怒鳴るようだったとか、腕をつかむ力が強かったといったことです。そのようなことまでが問題にされたりすると、支援者は「気をつけ」の姿勢を崩さないまま、子どもと向き合わなければならない気分にさせられてしまいます。「気をつけ」では伝えたいものも伝わりません。

前項で述べたように、「虐待防止」が前面に出て「健全育成」が後退してしまうようなことにも敏感になる必要があります。子ども虐待防止は犯罪防止の一環でもある以前に子ども福祉の一環であるという側面に、もう一度思いを致してみてよいのではないでしょうか。

c．不適切かもしれないけれど

「感情的になってはいけないという認識はあっても、それに従わずに心の中でうごめくものをどう手なずけるかということが課題となる感情」を扱う感情労働のことを書きました。子どもとのやりとりや指導で子どもと対立したときなどに、結果的に「不適切」だとみなされる対応になってしまう場合はありえます。職員には子どもの言動を放っておくことはできないという思いが強いでしょうし、指導は「正しい方向に導く」ことですから、譲れることと譲れないことがあります。また、目の前の子どものこれまでの生活環境などを考えたときに、譲ってあげたい気持ちが生じる場合もあったり、逆にここは立ちはだからなければと頑張ることになったりもします。そしてそこに、そういった職員と子どもとの二者関係だけでなく、それ以外の子どもや職員の存在、その場にあるルールの一貫性の程度や各職員間の対応の差、処遇チーム内での職員の立場や役割、その他のさまざまな要因が影響を及ぼします。また、児童相談所の一時保護所や児童福祉施設では、複雑な家庭環境のもとで虐待を受けてきた子どもが、家庭での実際を自ら再現するかのように、虐待者と自分との関係を施設の中にもち込んで職員を挑発しているかのようにみえる事例もあったりします。そこに巻き込まれずにどのように対応していくかなど、複雑でむずかしい課題を背負っています。

このように、職員はいつも人間丸ごとの「私」を子どもから揺さぶられ続けています。そしてその「私」をどのように安定的に保ちながら子どもと接していくかを自分に問いかけています。つまり、職員はいつも「自分」と戦っていると言っていいかもしれません。そのむずかしい職務を行っている職員の悪戦苦闘の経過や結果としての言動を、適切か不適切かだけで評価するのは、思いやりのある対応ではありません。

D．後手から先手に

a．適切か不適切かではなく

行政的には、子どもに対するかかわりが適切か不適切かの境目を明確にして、不適切な間違いを正し、正解である適切な行為に導く対策を打つことができれば、それがわかりやすい図式だと思います。しかし、虐待に関してもその境目を明確にするのが困難な中で、「子どもの立場からみて虐待であれば虐待である」というたしかにそうだと思わせるような説明もなされているわけですが、先に述べたように、これも子どもの健全育成にとって不都合な事態を作り出しかねません。

このように虐待と非虐待、適切と不適切を分けようとすること自体にこの種の人間問題を扱う際の限界、落とし穴があるのだとしたら、境目を明確にするという枠組み自体を変更してみたらどうでしょうか。どんな状況でも明らかに不適切である言動以外、はっきりしないものははっきりしないのです。ですから、はっきりさせるような無理なことはしない、だとしたらどうするのか……。「目の前の事態がよりよい結果になるにはどんな言動を用いるのが効果的か」「よい結果を手前に引き寄せるために役に立つのはどんな対応の仕方か」を検討していくことをテーマにしたらどうでしょうか。つまり、「適切か不適切か」で分けて不適切を禁止するというような「抑制」的な枠組みをはずして、よりよい結果につながる対応を生み出していこうという「創造」的な取り組みを現場に促すのです。

そのように少しでも現場の元気が出やすい枠組みが採用され、他の施策とも併せて、子ども家庭を最前線で支援する人たちの支援が行われるよう願うばかりです。

b．身近なことは身近なところで

すでに少しふれましたが、「たしかにその行為は不適切だと思うけど、なぜ逮捕なの？注意し合おうよ」と、保育所における虐待事件報道に接して思った方もおられたのではないでしょうか。逮捕のいきさつなどについてはわかりませんが、「注意し合う」職場環境がなかったのだとしたらその問題は大きく、「環境上の整備も必要である」ではなく、その環境の整備こそが大切でしょう。ただ、その保育所の抱えている事情は、他のどの現場にもあると思われるわけで、外にいる気楽さで一方的に他人事のように批判してすむ話ではありません。世の中に不心得の人はいても保育士にだけはいないなどと言うつもりはありませんが、みなさん、よかれと思い、うまくいくようにと思って、またそうしなければならないからと、日々の保育に汗を流しているのではないでしょうか。子どもと「ただ遊ぶだけ」「ただ相手をするだけ」の簡単な仕事だという昔からのとんでもない偏見と、それに伴う低待遇の中にあっても、地域においてその実力を余すところなく発揮して子ども家庭を支え続けているのが保育所です。その保育所でそんなことになってしまったのです。日々の大変さをみんなで共有している職場で起きたことは、逮捕ではなく、自分たちで改善していきたかったのではないでしょうか。

前項で述べたことと重なりますが、あらゆる対人援助の職場における改善の道筋として、不適切な行為をした人をワルモノとして指弾するのではなく、より適切で有効なかかわりを模索している職員のために、その模索のお手伝いをする環境を作れないかと思うのです。これが、本章のサブタイトルの「後手から先手に」で表したかったことです。各現場が後手にまわされているかどうかは知りません。でも、昨今の対人援助現場をめぐる行政の動きは、現場とそこで働く職員に大きく影響を与えていると思います。そういう状況に主導権をとられて不自由な部分が出てきているとしたら、逆によい機会がめぐってきたと捉え、自分たちで自分たちのことについて先手を打つような取り組みを進めてみてもよいのではないでしょうか。

（２）「対応のバリエーション」という取り組みの例

A．勉強会の紹介

私は「そだちと臨床研究会」というグループを仲間と作っていますが、そのグループで「対応のバリエーション勉強会」という集まりを定期的に開いています。簡単に言うと、ロールプレイ（役割演技）を用いたワークショップです。研究会のメンバーが子ども家庭支援機関出身ということもあって、その関係の福祉、心理、保育職などが多いのですが、いろんな対人援助現場の人たちが集まっています。そして自分たちの現場で対応に困った場面を材料にして、どうかかわったらいいか、どうやったらうまくいくかをロールプレイをとおして検討しているのです。

勉強会を案内する文面はこうです。「日常はさまざまな出来事と、それへの対応の連鎖です。そして前の対応は後の出来事に影響を及ぼし、その繰り返しで場合によっては状況がどんどん悪化します。どう対応するか、それは大きなテーマです。しかし、私たちは対応のレパートリーを多くはもっていません。ワンパターンはよくあることです。でも2つ以上の対応の仕方を知っていれば、出来事に直面したときによりよいものを選択できます。ここでは日常の場面をいくつか取り上げ、できるだけ心をフリーにしていろんな対応法を試してみましょう。楽しんでください。

勉強会では、「正しい対応」を学んでもらうのではありません。そもそも「何が正しいか」なんてわかるものではありません。子どもに対応するロールプレイをやってみた人には、その対応のよかったところを他の参加者が教えてくれます。子どものロールプレイをみている人は、そんな対応の仕方があるんだと目を見開きます。ロールプレイをやってみた人は、もしかしてその子はこんなことを思っているかもしれないと気がつくこともあります。子どもの育っている環境などをもとに、その子に適した対応を考えたりすることによって、たとえば、みていて腹が立つだけだった子どもの反応が、これまでの環境の中では自分を保つために必要なものだったのかもしれないと想像できたりします。そしてその想像が、腹を立てるだけではない対応を考える余裕を与えてくれるかもしれないのです。そんなこんなで、ロールプレイをした人もみた人も、その体験をしたことから、ふだんの自分の対応におけるレパートリーが増えていくかもしれませんし、増えていけば場面に応じて選べます。そして、そのぶんワンパターンに追い込まれずに余裕が生まれるというように、好循環が展開していく可能性があるのです。

　この勉強会は、毎回自発的に参加する人たちに支えられて、20年以上続いています。

B．職場研修後の私からの手紙

　この「対応のバリエーション勉強会」のやり方で、私はある対人援助現場の職員研修を行いました。そして終わったあとに、これはどうしても伝えておきたかったと思い始めたことがあり、研修担当の方に無理を言って参加者のみなさんにメールを送信してもらいました。その手紙を読み返してみると、結構重要かなと思うことを書いているので載せることにします。「いまのロールプレイをみていた方は、対応のよかったところ（その人の対応の仕方のつよみ）を発言してください」と私が言ったことについてから、手紙は始まります。最後のほうは理屈っぽくて少し硬いかもしれませんが、ご容赦ください。

3時間の研修ではお世話になりました。お疲れ様でした。

ロールプレイをとにかくやってみよう、説明はそこそこにという感じで進めたのですが、説明が中途半端になってしまいました。とくに子どもに対応する側のロールをやってくださった方々にとって、ちょっとワルいことをしてしまったかなというのが気になって、そのことを少し書いておこうと思います。

「いまの対応のよかったところ（つよみ）を発言してください」とみなさんに発言を求め、「なぜ対応のよかったところに限定するかというと、ワルかったところ（よわみ）を発言されると、せっかくロールをやってくださった方が次からやる気をなくすからで、ワルかったところは言われなくても自分で気づいているもんです」と私は説明したと思います。でもこれだけでは、「いまの対応の中にもワルかったところがあったでしょう。それは言わないであげてね」とことさら言ってるようで、よろしくなかったと思ったわけです。

たしかに、せっかく頑張ってロールをやったのに批判されるとイヤになることはありますし、そのために批判しないのがよいという側面はあります。大事なことです。でもそれよりも私が強調したい点は、その人の対応には必ずよい面があるということです。人は自分や他人のワルい面を見つけて指摘するのは得意です。得意ですから練習の必要はありませんが、よいところを見つけるのはそれほど得意ではなくて練習が必要です。

よいところを見つける練習は、その人（見つける人）の対応力のアップにつながります。私たちの前に現れる人たちは、それが子どもでも大人でも、自分はダメだとか、何事もうまくいかないとか、自分や自分の家族についてのマイナスのストーリーを抱えている人たちが多いのではないでしょうか。その人たちに対して、たとえばもっと頑張らなきゃだめだと批判気味に言うと、だってダメだもんと言い返すだけでなく、ホントにダメだと落ち込んだりします。そして、その反発や落ち込みに主導権をとられて、かかわる側はお手上げになってしまいかねません。そんな人たちの前には、少しでもプラスのストーリーを作るきっかけになるような対応をしてくれる人が現れたほうがありがたいと思うのです。ただ励まそうよというような単純な話ではありませんが、「自分はダメだと思っている人のほうが実はポテンシャルが高い」なんて、わけのわからない、でもなんかよさそうなことを相手から言ってもらえると、その言葉をあとでそっと反芻したりするかもしれませんし、ちょっとでも元気が出るかもしれません。そんなふうによいところを探す目を自分の中に育てることは、とても意味のあることです。

今度はよいところを見つけられる側にとってです。指摘されたよいところをただのオベンチャラととる人もいそうでいないとは思いますが、もしそうとったとしたらもったいない話です。よいところだと言われる可能性のある面は誰にでも無数にあるわけですが、その中からその点をピンポイントでほめられたのですから、やっぱりそれはその人の中にある特徴でしょう。そしてそのよい点を大事にして、伸ばしていったらよいのではないでしょうか。ワルい点を指摘してもらって、そこを直していきたいというのは割ととおりのよい言い回しだとは思いますが、反省は実はそれほど有効ではないように思います。反省して直すというのはそれを繰り返して完璧を目指すことにつながりますし、完璧になるなんて所詮無理な話です。自分のよい面を伸ばしてうまくいく経験をすると、自分のワルい面も余裕をもって大目にみることができるようになってきて、それも次第によい面に変わってゆくことになるかもしれません。支援者は教科書に載っている絵にかいたような「あるべき人」になるのではなくて、その人が元々もっている生地の上にもち味が上乗せされていくようなものだとしたら、ロールプレイにしろ、自分の対応をみた人からよいところを見つけてもらうのも自分のために役立つのではないでしょうか。

このように、よいところを見つけることの意義は大きいと思うのですが、ワルい面に1つでも焦点を当ててしまうと、このよい面が帳消しにされてしまう場合が多くあります。たしかにここらへんはいいところかもしれないけど、このワルい点があるとダメだよねと、ワルい面は主導権をもちがちです。それがホントにワルいところかどうかわからないし、見方はいろいろとあるはずなのにということであってもです。

こういうお話をしてから、「ワルかったところを発言されると、せっかくロールをやってくださった方が次からやる気をなくすってこともありますよね」とお話したらよかったように思います。

それからもう1点、ついでに書きます。

2ケースのロールプレイをやったあとで、それぞれのケースの見立て（家庭背景なども考慮したケース像の想像）みたいなことを話しましたし、他の3ケースについては時間の関係でロールプレイはせずに、見立てと対応について口頭で意見を出し合いました。

ロールプレイをせずにケースのことを頭だけで検討するときには、筋道（論理）を重視して考えることになります。そして筋道だった見立ての先に、だからこんな対応をと、これも筋道、それも1つの筋道に導かれることになります。そうすると、その対応が「よりよい対応」「望ましい対応」のニュアンスを帯びることになります。私がやらせてもらっているロールプレイにおける対応の検討の場合、「正解はない」ことを呼び声にし、その裏には「正しいかどうかより、うまくいくことがよいことだ」みたいな価値観が控えています。つまり、このロールプレイでは「正解はない」と言っているのに、ロールプレイなしのケース検討では「よりよい対応」つまり「正解のようなもの」を論理的に導いているかもしれないこととの食い違いが、みなさんを戸惑わせているのではないかと私の中では気になっていました。

それで、こんなふうに整理してみました。頭で考えただけの見立てとその筋道で立てた対応案は理屈優位です。しかし、実際の対応場面は理屈だけでは成立しません。相手との関係性や、場面の前後のいきさつ、そのときの調子や気分など、理屈以外のあらゆる人間関係場面の要素が含まれます。ですから、理屈優位の「よりよい対応」が他の要素によってうまくいかない場合があるし、その場の諸要因によって「とらされてしまった対応」が、後から新しい理屈も見つかって「よりよい対応」として評価され直したりすることも起きるのです。この研修では、理屈だけによる「よりよい対応」ではなく、ロールプレイによって「うまくいく＝役に立つ」対応を探していると言っていいと思います。ただし、理屈優位の見立て・対応案も部分的には役に立つ場合があるはずです。

さて、私たちがふだん対応する場面は、似たようなものであったとしても各場面に含まれる要素はすべて同一ではないので、出会う場面はその時々で唯一無二のものです。ですから、援助者は「こういう場面ではこう対応する」という対応法を知っている人をめざすのではなく、唯一無二の場面で自分の中の筋道を含めたいろんな感覚に開かれて自由にふるまえる自分を作っておくことが必要です。つまり、どんな人や場面がこれから自分の前に現れるかわかりませんから、その時々に働いてくれる自分の「勘」みたいなものを養っておくことが大切になってくるように思うのです。ロールプレイであっても、その体験の積み重ねは「勘」の育成に役立つのではないでしょうか。

以上です。読んでいただいてありがとうございました。


言わずもがなですが、この対応のバリエーション勉強会みたいなことをやれば、いろんなことがうまくいきますよと言っているのではありません。現実は複雑で強固ですから、ちょっと勉強会をやってみるようなことでは間尺に合いません。それにその現場にどのような制約があるかなどによってもとれるバリエーションの幅は異なりますし、現場ごとのバリエーションを模索しなければなりません。また、もちろん、この勉強会を支える考え方や方法論が、現実が抱える課題にフィットしているかどうかも、我田引水ではなくさらに検討しなければなりません。

しかし、後手にまわされるよりは先手を打ったほうが元気が出ます。繰り返しますが、課題ばかりが提示されて何か世の中から不自由な気分に押し込められているとしたら、そこから少しでも脱して、身近なところでできることを始めたほうがよいように思います。いかがでしょうか。

第6章　子ども福祉臨床の現場への支援

～「仕方がない」ではないかもしれない～

この章には、虐待防止活動などに関して私が気になっている点や、子ども福祉臨床現場で業務にあたっている職員の支援について考えていることをまとめました。

（１）子ども虐待防止関連の事柄

Ａ．子ども虐待に関して考えたいこと

私は、『要保護児童対策地域協議会における子ども家庭の理解と支援』（明石書店）に、「子ども虐待に関して考えたいこと」を書きました。その内容を要約すると次のとおりです。

①虐待の認定は、それが「あったかなかったか」のどちらかで、程度は問題にされない。程度をもち出すと虐待を一部肯定することになり、そもそも虐待にこの程度以上という明確な線引きはできないからである。また、子どもの手をちょっと叩くといった行為でも体罰だとされたら、それが虐待であるかどうかの認定を求められ

た場合、「体罰は虐待」とされている以上「虐待である」と答えざるをえない。保護者から子どもへの言動の内容はさまざまなのに、「虐待」を明確にするためにこのような無理を背負っている。日常生活の細々としたことにまで価値づけしなくてもよいのではないか。

②保護者による実際の行為の細部は無視され「虐待」で一括されるのは、実際はそれぞれにさまざまな背景がある「犯罪」の扱いと同じで、そのせいで「虐待」を認めていない保護者との対立が実際に起きている。この状況について疑問を呈しても、「虐待を防止するため」という以上の説明はなされないだろうし、「子どもの立場からみて虐待であれば虐待である」という説明も、この疑問から目を逸らせるのに一役かっている。

③現場では、子どもの安全を守り、保護者には虐待のない子育て力をつけるように導くという課題を両立させるために、子どもを保護者から分離せずに処遇する場合も多い。しかし、それが不幸な結果につながることもあり、両立させる処遇を判断

する際の精度を高めることが現場に求められている。ただ、その判断のむずかしさから「子どもを死なせない」ための職権一時保護を行う件数は増え、「短期の子どもの安全」は守れても「長期の子ども福祉」は守れているのかと問われるような現状にもある。

④「子どもを虐待で死なせない」のではなく「子どもを守り適切に育てる」ことを目標に据え直し、保護者と「虐待か否か」の対立から入るのではなく、保護者に抵抗はあっても、その保護者が抱えている子育ての実情について共有しようとする等身大の構えにシフトできないものか。「子どもが死んでしまったらどうするんだ」という正論によって思考停止させられるのではなく、「あらゆる虐待を犯罪と同じように捉え、犯罪である虐待に対してストレートに真正面から切り込もうとする」ことに無理があり、うまくいかない部分があるとしたら、そこを少しでも変えられないだろうか。

前章でも書いたように、「虐待」だとされた言動が独り歩きして断罪されるような事態が、子ども家庭だけでなく起きているように思いますが、何がバランスのよいことか、落ち着いて考えるときにきているのではないでしょうか。

B．虐待事例を見聞きして考えたこと

a．どこまでの「判断」が許されるか

たしかにその母親は店の前で子どもを叩いたのですが、子どもが約束を破ったからでした。店員からの連絡でかけつけた警察官は子どもの身柄を児童相談所に移し、結局、職権による一時保護になりました。相談員の前に座った母親は相談員に食ってかかり、子どもとの面会を求めても許されませんでした。この子どもの家庭で体罰などが常態になっていたわけではなかったようでした。

それぞれの事例については個別の事情や流れがあるでしょうから、ここで対応のよしあしを言うことにはなりませんが、その事例について聞いた、そして感じたほんの少し

のことをきっかけに、一般論として考えることはあります。

「体罰は虐待である」とされていますから、「叩いた」ことは虐待にあたるのだと思います。しかし、「体罰は虐待である」と言う世界や国は「総論」を言っているだけで、「各論」は都道府県や市区町村の現場の中にあると考えることはできないでしょうか。「総論」を「各論」だと思い込んでしまうと、現場で検討する余地がなくなってしまいます。各論が重視されると全国での公平性が問われる場合があると思いますが、子ども福祉臨床機関は警察ではないので、事例ごとの、何のためにその業務をいま行っているかという視点が活きてくるのではないかと考えます。行わなければならないのは目の前の状況に向けての適切な対応であって、マニュアルに書かれたことの遂行ではないはずです。

また、世の中から任されている業務を遂行しようとするときには、いま対象にしている方の立場に自分がいたらどう思うのか、ということに思いを致すのが妥当ではないでしょうか。そして、「私たちは（自由の範囲の）人の生き方や生活の仕方についての審判者ではない」というあたりまえのことにも立ち戻り、目の前で起きていることとのバランス感覚を働かせて対応することが必要だと思うのです。

さらに、この事例で職権一時保護を続けた理由の１つには、母親からの相談員に対する攻撃があったようにもうかがわれました。しかし、それは子どもへの虐待に関する判断には関係のないことです。これも実際のところはわからないわけですが、何がフェアであるかという感覚を個人としても組織としてもいつも研ぎ澄ませておく必要があるほど、対人援助現場はそういったことに揺さぶられてしまう危うさを抱えているのだと思いました。

b. 職権による一時保護の謝罪

私はこの節で取り上げた前著で、虐待通告を受けて行われる、突然で無礼な家庭訪問時の発言の工夫例に関して、「虐待の疑いをかけられている事態の扱いを、いまはこんなふうにしかできない、そういった時代状況をお互い一緒に乗り切りませんかという、『同時代を生きる仲間への呼びかけ』と言えば言いすぎでしょうか」と書きました。

職権による一時保護も、先ほど述べたように子ども虐待防止策の中にあるものです。虐待は決してよいことではありませんから、職員の中には、ついワルモノを捕まえる正義の味方のような気分で業務にあたってしまう感覚が、知らず知らずのうちに芽生えているかもしれません。そこは先ほども述べたようなフェアな感覚に立ち戻ることが必要ですし、理由は何であれ、職権保護の多くの場合、保護者の意向に反して子どもを分離するのです。それについては「ごめんなさい」ではないでしょうか。「謝るんだったら返しなさいよ」「（返せない場合は）いや、それはできません」というようなやりとりをすることになるかと思います。無礼な家庭訪問をせざるをえないときと同じように、職権保護の場合も、「こういった時代状況を一緒に乗り切りませんか」と働きかけざるをえない部分があるのではないかと考えますし、この謝罪によって、その後の悪循環が少しでも和らいだらよいと思うのは楽観的すぎるでしょうか。

c．夫婦喧嘩をしてはだめなのか

虐待通告で増えているものに、面前ＤＶによる心理的虐待があります。ＤＶはだめだと思いますが、夫婦喧嘩もだめなのでしょうかと私は尋ねてしまいました。夫婦喧嘩で通告されたと思われる事例に間接的に出会ったときに、夫婦喧嘩は夫婦の自由であって、権利だろうと思っていた私は、びっくりしたわけです。もちろん夫婦喧嘩とＤＶの表面に現れている様相はグラデーションで、ＤＶのような状態になりかけている夫婦喧嘩については通告の対象になると思います。しかし、喧嘩のできない夫婦のことも話題になっているご時世で、ここでもバランスのよい判断が求められているように思います。

(2) 子どものように大人も守る

第1章で、子どもは大人から世話される(守られる)必要があり、守られないと自分で自分を守るしかないと書きました。これは子どもだけのことではありません。大人でもそうです。とくにはじめての仕事に就いた方、中でも子ども家庭支援最前線の新人のみなさんは守られる必要があるのではないでしょうか。新任者研修も守られる手段の1つだと思いますが、それも十分でなく、いきなり現場に立たされることが多いようです。

大人が自分で自分を守る方法は、子どもの場合ほど不適応ではないかもしれません。それでも不適応にみえる場合は、それほどの窮地に追い込まれているとみることができます。さまざまな精神的・身体的症状などは自分を守っている表れでもあり、休職や退職に至るケースも聞くところです。そして、表面的に不適応でないからといって内面も安定しているとは限りません。大人だからこそ内にため込み、症状を出せている人より重症の場合もありえます。

A. 等身大のすすめ

児童相談所は行政処分を行ったり措置権を行使できたり、また専門職として採用されている者も多いからか、あたかも市区町村や民間の児童福祉機関の上位機関であるかのような錯覚を、そこで働くようになった職員はもたされてしまう場合があるかもしれません。それが、相手に対して「知らない」「わからない」「教えて」が言えず、突っ張ってしまうことにつながることもあるでしょう。地域の現場には経験の豊富な方、人間理解や対人援助のセンスのすぐれた方などがあたりまえにいっぱいおられます。自分の職場の内と外から、新人だからこそ教えてもらえることがたくさんあると思います。また、市区町村の職員の中にも先に述べたような「上下格差」を感じて、あるいはその要因だけではないかもしれませんが、児童相談所と距離をとっておられる方もいるのではないでしょうか。そうであればあるほど、児童相談所の新人はさらに突っ張らざるをえません。

当然、職には上も下もありませんし、子ども家庭支援の業務はその中身も、連携の形においても、実質的な「（若ければ若いなりの）バランスのとれた人間力」が勝負のような側面があります。各職場や職員同士がお互いに活発な議論ができればよいし、等身大でよいのだと感じられるような環境も含めた職場のサポートがあれば、とくに新人はありがたいと思います。

B．大切な筋道

その新人も、即戦力として事例の当事者や関係者に向けてさっそく仕事をしなければなりません。経験が浅い（ない）と言っても組織の仕事を担当者として行うのですから、組織にベテランも新人もありません。

ある児童相談所職員の発言を聞いて、「まだ職場からいろんなことを教えてもらっていないないな。自分のこれまでの感覚だけで進めている。それは職場としてチェックしないと危ない」と思ったことがあります。3つの例をあげます。

「一時保護所はただのホテル?」と聞き返したくなったのが、まず最初の例です。子どもを一時保護所に入所させることについて軽く考えすぎているように思えました。子どもにとって、また保護者にとっても子どもが家から離れることは非日常で大きな不安を伴います。一時保護所を利用する場合は、ソーシャルワークにおいてそれが妥当である根拠が明確になるような調査が必要でしょう。

2つめは、保護者に事情があり、しばらく子どもと一緒に暮らせなくなった事例で、生活実態に怪しいところのある(保護者の)知人に子どもを預けることを是認する方針を聞いたことです。「家族にだけ子育ての責任を押しつけずに社会で育てよう」というフレーズは大切です。しかし、複雑な事情を抱えた事例において、「子どもが安定的な環境でこれから育っていくために、いま誰が、どこがどう対応するのがよいか」という検討を抜きに、当面の面倒をみるのに都合のよい人がいれば誰に託してもよいことにはならないでしょう。

3つめですが、「児童福祉法第28条にもとづく申し立てによる審判によって児童福祉施設に入所した児童の家庭引き取りについては、保護者の自由にはならない」こととの対比で、「保護者が合意して入所させた場合の家庭引き取り要求に対しては、法的に問題なく自動的に退所となる」として、対応した事例です。しかし、単純にそのような理屈にはならないと思います。法的にはそうだとしても、子どもの幸せに関して仕事をしている以上、家庭引き取りに懸念するところがあれば、その点について保護者と一緒に考えるためのソーシャルワークを行うことが必要でしょう。

C．自分自身と業務は別か

第1章に、この時代背景の中で維持したい専門的意識として、「与えられた枠組みに含まれる矛盾や疑問点なども併せて他者の意見も聞きながら、自分で考えて見解を出すこと」について書きました。「最近の若者は『悩めない』」というフレーズが一時期流行りましたが、「悩めない」は「考えない」と拡大解釈されるところがあったようにも思います。でも、少なくとも私の知っている人たちはよく考えています。考えていないようにみえるのは、「自分自身」の思いと「仕事」は別という価値観の下におかれすぎていたり、1人の人間として思い考える力はあるのに、それを出せないような状況が社会に渦巻いたりしているからです。そういった状況へのアンチテーゼが実際に社会問題として噴き出しているし、「自分自身」を取り戻す方向での動きが加速されています。

「自分自身」として思い考えたことを業務に反映させることによって、業務がよりよく遂行されてほしいのはどの職場もでしょうが、とりわけ対人援助業界では求められることではないでしょうか。「仕事」であっても、その内容は「自分自身」のこととして置き換えられることですし、あなたのことも私のことも大切にする人間関係の中で業務は適切に進行するからです。にもかかわらず子ども家庭支援・子ども虐待防止の現場（だけではないようですが）は職場として不人気のようです。たとえば児童相談所の職員になりたいと思っている人は、学校の教員になりたい人と同じように減っていると聞きます。「仕事はたしかにしんどいところもあるけど、こういうやりがいがあるよ」と世の中にもう一度アピールできるようになることも、現場の大きな目標の1つではないでしょうか。

D．フリーハンドの力

大学生に向けた臨床心理学の授業で、私が児童相談所で30年前に相談にのった子どものレポートを材料にしました。

不登校の男子中学生への介入事例でした。家族の中でずっと脇役で、家族に波が立たないように当り障りなくふるまっていた中学生の、心の中にしまわれている気持ちや意思を引っ張り出そうと、私は強引にグループワークに連れ出したりしました。その一方的なかかわりについて、「セラピストが主役になり子どもを脇役にしてしまっている形に疑念をもったものの、実はその形はどうでもよかったようだ。子どもは自分の意思や気持ちに関心をもってほしかったのだ。その関心が家族から向けられないところに、その子の養護問題があった」とレポートに書いています。

この事例は一定の「よかった」と思われる結果になり終結していますが、臨床心理学の授業において学生たちに１つの視点として提供したかったのは、次のようなことでした。つまり、私の中学生への強引なかかわりは、実はセラピストである私が子どもに巻き込まれていた結果で、父親の役割を与えられ、父親を演じていたことがよくわかるということでした。家族員間の日々の営みに関して、また家族への支援を志すときに、「それをするべきなのは誰か」というテーマは重要です。相談が終わってセラピストが抜けても家族にはうまくやっていってもらわなければならないわけで、30年前の私は、おそらくそこまで強くは意識せずに父親を演じていたのだと思います。また、そういう指摘を受けても、「実の父親がセラピストのような父親を演じるようにしむけることができていればよかったかもしれないが、児童養護上の課題を抱えた家族で、そうできたかどうかはわからない」と言い訳したかもしれません。

最初は学生に、私が至らなかったという視点を臨床心理学的に未熟だった部分として示していました。でも、子ども家庭支援としてどちらがよかったかの比較はできません。臨床心理学的には「巻き込まれた」としても、子ども家庭支援的には、「巻き込まれた勢いで、父親のように子どもの内面に十分な関心を示すことができたし、子どもは元気になれた」事例だったと示すことのほうが大切だと、思い直したのです。

そう思い直した勢いが続いているのかもしれませんが、子ども家庭支援の目的は臨床心理学ではなく、子どもの健全育成です。これまで言われている理論などの枠にただ縛られることなく、もっと自由に対応してもよいのではないでしょうか。さらに言えば、「非専門家・非専門領域性」も抱える専門家である心理職は、いや心理職に限らず他の職種の方々も、いろんなことに対して、１人の職業人として自分の意思や気持ちを表すような動きをしてもよいと思うのです。とりあげたレポートの中学生がかつてそうであったように、それらを抑制し、また抑制せざるをえない状況は好ましくありません。子ども家庭支援をとりまくいろんな状況に対して、「仕方がない」という結論づけだけにしてしまわなくてもよいのではないでしょうか。

関連書籍

［第1・2・3・4・5・6章］

①川畑隆『教師・保育士・保健師・相談支援員に役立つ子どもと家族の援助法――よりよい展開へのヒント』（明石書店　２００９年）

②川畑隆「方法論の不明確なアセスメント――ソーシャルワーカー」吉川悟（編）『システム論からみた援助組織の協働――組織のメタ・アセスメント』（金剛出版２００９年）

③『そだちと臨床』編集委員会（編）『そだちと臨床』Vol.1～Vol.12（明石書店２００６－２０１２年）

④宮井研治（編）『子ども・家族支援に役立つ面接の技とコツ［仕掛ける・さぐる・引き出す・支える・紡ぐ］児童福祉臨床』（明石書店　２０１２年）
⑤団士郎『対人援助職のための家族理解入門――家族の構造理論を活かす』（中央法規出版　２０１４年）
⑥川畑隆（編）『子ども・家族支援に役立つアセスメントの技とコツ――よりよい臨床のための４つの視点、８つの流儀』（明石書店　２０１５年）
⑦川畑隆「福田さんの事例対応における『心理検査の伝え方・活かし方』についてのコメント」竹内健児（編）『心理検査を支援に繋ぐフィードバック――事例でわかる心理検査の伝え方・活かし方［第２集］』（金剛出版　２０１６年）
⑧川畑隆「保護者や家族についてアセスメントする自分をアセスメントする」『発達』１４７号（ミネルヴァ書房　２０１６年）
⑨早樫一男（編著）『対人援助職のためのジェノグラム入門――家族理解と相談援助に役立つツールの活かし方』（中央法規出版　２０１６年）
⑩早樫一男（編著）『ジェノグラムを活用した相談面接入門――家族の歴史と物語を

対話で紡ぐ』（中央法規出版　２０２１年）
⑪川畑隆『要保護児童対策地域協議会における子ども家庭の理解と支援――民生委員・児童委員、自治体職員のみなさんに伝えたいこと』（明石書店　２０２１年）
⑫川畑隆「福祉分野におけるチーム・アプローチ」熊野宏昭・下山晴彦（編）『現代の臨床心理学３　臨床心理介入法』（東京大学出版会　２０２１年）
⑬川畑隆「福祉分野におけるテストバッテリ」松田修・滝沢龍（編）『現代の臨床心理学２　臨床心理アセスメント』（東京大学出版会　２０２２年）
⑭綱島庸祐・川畑隆（編）鹿深の家（代表・春田真樹）著『児童養護施設 鹿深の家の「ふつう」の子育て――人が育つために大切なこと』（明石書店　２０２３年）

［第１章］

⑮高石浩一・大島剛・川畑隆（共編）『心理学実習 応用編１．知能・発達検査実習――新版Ｋ式を中心に』（培風館　２０１１年）

⑯厚生省児童家庭局企画課監修『児童相談所運営指針』（日本児童福祉協会　1998年）

［第2章］

⑰大島剛ほか『発達相談と新版K式発達検査——子ども・家族支援に役立つ知恵と工夫』（明石書店　2013年）

［第3章］

⑱川﨑二三彦『児童虐待——現場からの提言』（岩波新書　2006年）
⑲川﨑二三彦・増沢高（編著）『日本の児童虐待重大事件2000-2010』（福村出版　2014年）
⑳川﨑二三彦『虐待死——なぜ起きるのか、どう防ぐか』（岩波新書　2019年）

おわりに

まだ書きたいことはあっても、新しい章を起こすまでには至らず、でも書いておきたいので1つ書きます。

都道府県と市区町村の子ども家庭支援業務の棲み分けはずっとテーマになっていますが、「棲み分けって分断のこと？」と問いかけたくなるようなことを耳にすることがあります。「そちらの仕事のことなので（相談されても）聞きません」じゃなくて、聞いたらいいのに……。「聞いたら棲み分けができません」ということかもしれませんが、棲み分けは手段であって、目的は支援なのではないでしょうか。

このことに限らず、さまざまなテーマが独り歩きしています。世の中は変わってきているからそれに合わせなければならないと言っても、合わせたくない、合わせられないことはあります。なぜなら、それで困る人もいるし、また、そのような環境で実現することが子どもにとってプラスのことばかりではないと思うからです。

私のこの書き方は「愚痴」っぽいでしょうか。愚痴はやめといたほうがよいと言われると、しぶしぶ「はいはい」ということになりがちです。でも、愚痴とはその発言に対する1つの意味づけであるだけで、意味づけは他にもあります。「必要な視点」とか、「支援のつもり」もそうです。

このようにものごとの意味は単一ではなく、発言している人もただ1つの意味や気持ちだけで発言しているのではありません。ですから愚痴だからということだけで黙ってしまうのは、とてももったいないことだと思っています。でも、言い方は考えなければなりません。自分は正しいと思っていても、実際には何が妥当か、何がホントか、わからないところがあるからです。そして、相手や周囲の状況について十分にわかって配慮ができて、発言できているわけではないからです。年をとると、自分が思う妥当なこと、ホントのことにもっと自信がもてるものだろうと思っていました。そんなことはありませんでした。注意力と記憶力の減退だけでなく、自信もあるようなないようなで、でも、まあいいかと……。これは年をとったからか、もともとのいい加減さかはわかりません。

次の詩のようなものは、あるテレビドラマのシーンに強い印象を受けて書いたものです。

あっそうかそういうことか

孫*が祖父母に訴える
あなたたちは自分のことばっかり
自分の損得が基準で生きている
わたしたちは新しい時代を
生きていかなければならないの
地球のことも他の人たちのことも考えながら

祖父の祖母に隠れての投資の失敗
責める祖母に息子は
それは裏切りなんかじゃなくって
ヘマしたってことじゃないの
ヘマしただけの人間を

そんなに追い詰めるかなあ

真正面からきっぱりと
また軽やかに助け起こす
小むずかしい解説ではない
主張というよりは使命感
そして盛りすぎない意味づけ
そんなふうに言われたことはなかったような

あっそうかそういうことか
時代が変化していることは知っていたけれど
自分に向けられたこととして直に感じた
新しい時代はとってもいいものを含んでいる
そして年寄りにも時代をうまく繋いでゆく役割はある
視界を愚痴で曇らせたくはない

やさしいのは弱いのではない
みんなで生きていくやりかたの基本なのかもしれない
無関心にみえるのも
それぞれの生き方を見守っている結果なのかもしれない
その反作用をそれみたことかと突き放さず
学びながら一緒に考えていけることはないか

若い人たちの考えから年寄りの考えを引き算せずに
年寄りの考えをどう足し算してもらえるか
愚痴ではなくどう手渡すか
受け取ってもらえる形でどう残すか
主張したいことはある
その主張のしかたを練り直そうと思う

＊2022年5月から6月にかけてNHK BSプレミアムで放送された、風間杜夫・松坂慶子・藤田弓子・平田満らが出演のドラマ『今度生まれたら』の一場面。同じ時期に、AIを用いた政治を17歳の総理が担う実験都市を描いた『17才の帝国』もNHK総合で放送されました。そこでは若い世代も年寄りの世代も互いに影響し合い変化していました。

「かけだ詩⑫ファイナル」『対人援助学マガジン』第52号2023年3月（インターネットマガジン）に初出。

本書には講演録のようなものも含まれていますが、書きながら考えたこともたくさんあります。書いていて、「あっそうかそういうことか」とあらためて気づいたこともあります。全体としてまとまりがあるようなないような本になりましたが、読者のみなさんのお役に立てるところがあれば幸いです。

子ども家庭支援を考える場に私も入れてくださっているみなさん、志を長年ともにしてきている「そだちと臨床研究会」の仲間（衣斐哲臣・大島剛・笹川宏樹・菅野道英・

伏見真里子・宮井研治・梁川惠の各氏）には感謝ばかりですし、これからもよろしくお願いいします。講義内容を文章化し、出版することに同意してくださった機関の方にもお礼申し上げます。最後に本書を丁寧に作ってくださった明石書店の深澤孝之さんと柳澤友加里さん、ありがとうございました。

◉著者紹介

川畑隆（かわばた・たかし）

1954年に鹿児島県鹿児島市で生まれ、福岡県北九州市小倉区（当時）で育つ。同志社大学で心理学を学び、京都府の児童相談所に28年間勤務して早期退職。その後16年間、京都先端科学大学（旧京都学園大学）と京都橘大学で心理学科の教員業に従事。2023年からフリーランス。有志による「そだちと臨床研究会」所属。児童福祉や教育分野などにおける対人援助が専門。いくつかの子ども家庭支援機関や学校関係に、事例検討会や研修会でかかわっている。著書に『要保護児童対策地域協議会における子ども家庭の理解と支援 ── 民生委員・児童委員、自治体職員のみなさんに伝えたいこと』（明石書店　2021年）などがある。臨床心理士。連絡先：TQJ01426@nifty.com

子ども家庭支援の勘ドコロ
――事例の理解と対応に役立つ6つの視点

2023年11月15日　初版第1刷発行

著　者　川畑隆

発行者　大江道雅
発行所　株式会社　明石書店
〒101-0021　東京都千代田区外神田6-9-5
電話　03（5818）1171
FAX　03（5818）1174
振替　00100-7-24505
https://www.akashi.co.jp/

装丁　明石書店デザイン室
印刷・製本　日経印刷株式会社

（定価はカバーに表示してあります）　ISBN978-4-7503-5674-7